Liebe Kolleginnen und Kollegen,

die vorliegenden Kopiervorlagen für die Freiarbeit enthalten Übungen, die genau auf das Lehrwerk *Tous ensemble 2* zugeschnitten sind und durch einen Verweis auf die Seite im Schülerbuch gekennzeichnet sind.

Als Instrument der Differenzierung und Individualisierung des Unterrichts zielen sie darauf ab, die Schülerinnen und Schüler in die Lage zu versetzen, die jeweilige *Tâche* einer Lektion leichter und besser bewältigen zu können.

Ein abwechslungsreiches Übungsangebot mit unterschiedlichen Schwierigkeitsgraden und kooperativen Arbeitsformen bietet den Schülerinnen und Schülern die Möglichkeit, neben ihren sprachlichen Kompetenzen auch soziale Kompetenzen zu stärken. Dabei sollen vor allem das kooperative und selbstgesteuerte Lernen gefördert werden.
Als Grundprinzip aller Aufgaben gilt, dass die Schüler ihre Arbeitsergebnisse anhand der Kopiervorlage bzw. mit Hilfe der Lösungen bzw. Lösungsvorschläge miteinander vergleichen.

Neben bewährten Übungsformen wie Tandembögen, *domi-mots, la bonne carte,* Satzpuzzle, Partnerbögen und Spielen gibt es auch neue Übungstypen wie Frage-Antwort- und Dialog-Karten, die vor allem der Sprachaktivierung, der Förderung der Mündlichkeit und der Vorbereitung auf mündliche Prüfungen dienen.

Wir wünschen Ihnen viel Erfolg bei der Umsetzung der Vorschläge,

Ihr *Tous ensemble*-Team

Inhaltsverzeichnis	Seite

Symbole

Einzelarbeit
Partnerarbeit
Gruppenarbeit

	être
	je suis
	tu es
	il / elle / on est
	nous sommes
	vous êtes
	ils / elles sont

1 Tandembogen – Ils sont où? → SB S. 7, Nr. 2

1. *Faltet den Bogen in der Mitte.*
2. *Partner **A** stellt die erste Frage. Partner **B** antwortet und stellt die nächste Frage usw.*
3. *Kontrolliert euch gegenseitig anhand der Lösungen in Klammern.*
4. *Tauscht die Rollen.*

A	B
Emma, elle est où? [Elle est à la plage.]	
	Théo, il est où? [Il est à la montagne.]
Farid, il est où? [Il est à Paris.]	
	Lina, elle est où? [Elle est en Bretagne.]
Farid et Théo, ils sont où? [Ils sont sur l'autoroute.]	
GARE DU NORD	Emma et Lina, elles sont où? [Elles sont à la gare.]
Vous êtes où? [Nous sommes à l'aéroport.]	
	Vous êtes où? [Nous sommes à la piscine.]
Tu es où? [Je suis sur la Côte d'Azur.]	
LES PYRÉNÉES Toulouse	Tu es où? [Je suis dans les Pyrénées.]

⚲⚲ 2 Frage-Antwort-Karten – Tu es allé(e) où en vacances? → SB S. 9, Nr. 6

1. *Schneidet die Karten auseinander und setzt euch gegenüber.*
2. *Führt einen Dialog. **A** beginnt, **B** antwortet und setzt das Gespräch fort.*
3. *Tauscht am Ende die Karten und wiederholt das Gespräch.*

A (Laura)	**B (Paul)**
(1) Tu es allé où, en vacances?	(1) Je suis allé à …  en / au / aux … (un pays). Et toi? Tu es allée où en vacances?
(2) Je suis restée …  . Qu'est-ce que tu as fait pendant les vacances?	(2) Je suis allé …  . Et toi? Qu'est-ce que tu as fait pendant les vacances?
(3) J'ai fait …  .	

⚲⚲ 3 Frage-Antwort-Karten – Qu'est-ce que tu as fait pendant les vacances? → SB S. 9, Nr. 6

1. *Schneidet die Karten auseinander und setzt euch gegenüber.*
2. *Führt einen Dialog. **A** beginnt, **B** antwortet und setzt das Gespräch fort.*
3. *Tauscht am Ende die Karten und wiederholt das Gespräch.*

A	**B**
(1) Qu'est-ce que tu as fait pendant les vacances?	(1) J'ai fait …  , … , et …  . Et toi, qu'est-ce que tu as fait pendant les vacances?
(2) J'ai fait …  . Qu'est-ce que tu as visité pendant les vacances?	(2) J'ai visté …  . Et toi? Qu'est-ce que tu as visité pendant les vacances?
(3) J'ai visité …  .	

⚙⚙ **4** Mediationskarten – Les vacances, c'est super! → SB S. 9, Nr. 6

1. *Schneidet die Kärtchen aus und legt sie verdeckt auf den Tisch.*
2. *Partner **A** zieht eine Karte und liest die Aufgabe Partner **B** vor.*
3. ***B** überträgt die Angaben ins Französische und Partner **A** kontrolliert mithilfe der Lösung in Klammern.*
4. *Wird die Aufgabe richtig gelöst, darf der Spieler die Karte behalten und zieht die nächste Karte.*
5. *Gewonnen hat, wer am Schluss die meisten Karten besitzt.*

Je suis allé.

Je suis all**é**e.

Wie fragst du, wo er / sie in den Ferien gewesen ist? [Tu es allé(e) où, en vacances?]	**Wie sagst du, dass du in Izmir gewesen bist?** [Je suis allé(e) à Izmir.]	**Wie sagst du, dass du in Spanien gewesen bist?** [Je suis allé(e) en Espagne.]	**Wie sagst du, dass du am Strand gewesen bist?** [Je suis allé(e) à la plage.]
Wie sagst du, dass du in den Bergen gewesen bist? [Je suis allé(e) à la montagne.]	**Wie sagst du, dass du bei deinen Groß-eltern gewesen bist?** [Je suis allé(e) chez mes grands-parents.]	**Wie sagst du, dass du bei dir zu Hause geblieben bist?** [Je suis resté(e) chez moi.]	**Wie sagst du, dass du in Berlin geblieben bist?** [Je suis resté(e) à Berlin.]
Wie fragst du, was jemand während der Ferien gemacht hat? [Qu'est-ce que tu as fait pendant les vacances?]	**Wie sagst du, dass du eingekauft hast?** [J'ai fait du shopping.]	**Wie sagst du, dass du gezeltet hast?** [J'ai fait du camping.]	**Wie sagst du, dass du Kanu gefahren bist?** [J'ai fait du canoë.]
Wie sagst du, dass du gesurft hast? [J'ai fait du surf.]	**Wie sagst du, dass du Fahrrad gefahren bist?** [J'ai fait du vélo.]	**Wie sagst du, dass du Badminton gespielt hast?** [J'ai fait du badminton.]	**Wie sagst du, dass du getanzt hast?** [J'ai fait de la danse.]
Wie sagst du, dass du Musik gemacht hast? [J'ai fait de la musique.]	**Wie sagst du, dass du ein Museum besucht hast?** [J'ai visité un musée.]	**Wie sagst du, dass du ins Schwimmbad gegangen bist?** [Je suis allé(e) à la piscine.]	**Wie sagst du, dass du zum Strand gegangen bist?** [Je suis allé(e) à la plage.]

☺☺ 5 Dialogkarten – Qu'est-ce que tu as fait pendant les vacances? → SB S. 8, Nr. 5; S. 9, Nr. 6

1. *Schneidet die Karten aus und legt sie auf einen Stapel.*
2. *Partner **A** zieht eine Karte und stellt die zwei Fragen (1)* **Tu es allé(e) où, en vacances?** *und (2)* **Et qu'est-ce que tu as fait pendant les vacances?** *B antwortet* **Je suis allé(e) ... et j'ai fait / visité ...**
3. *Danach beginnt Partner **B**, stellt die zwei Fragen und Partner **A** antwortet usw.*

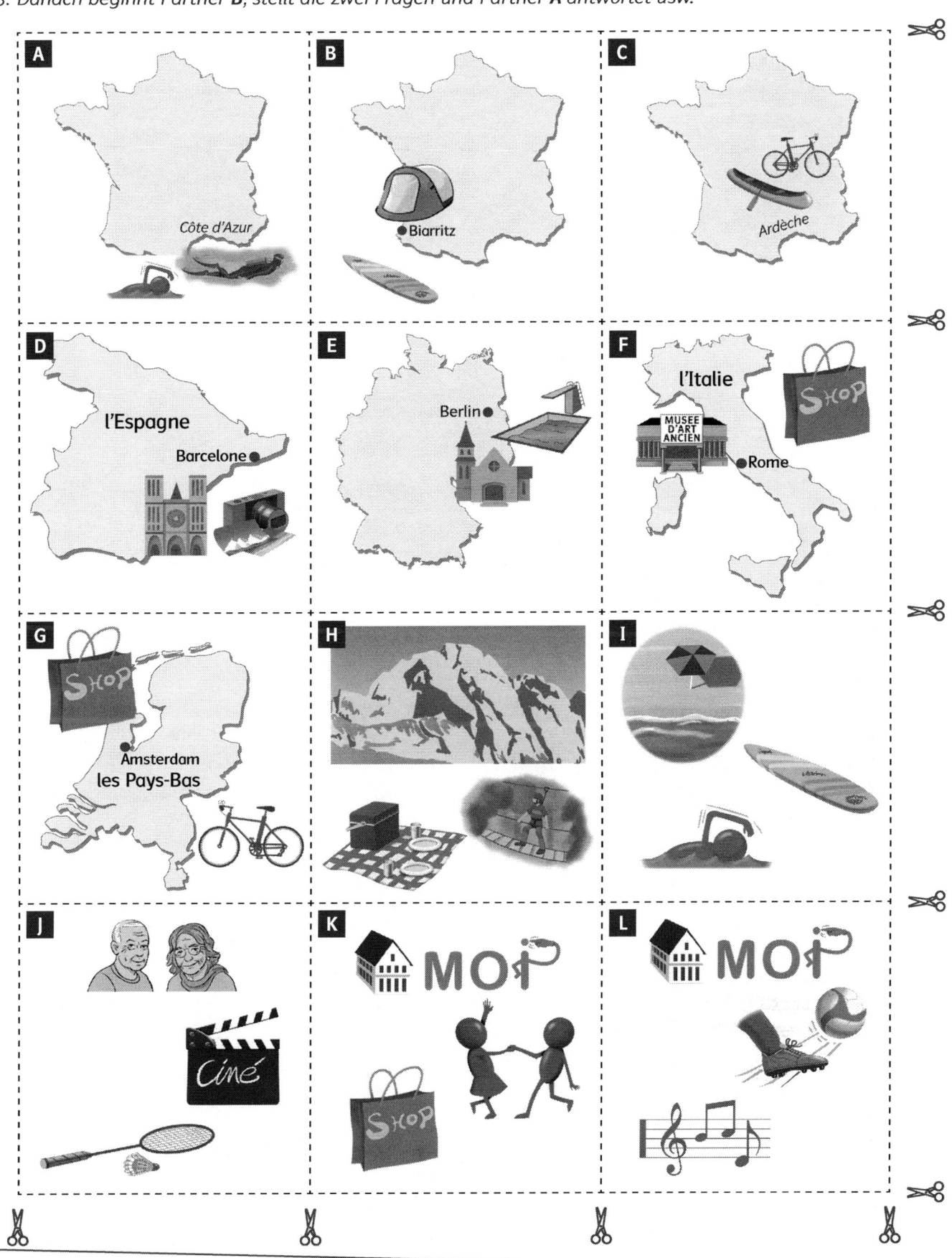

1 La bonne carte – Les vêtements → SB S. 10, Nr. 2

1. *Schneidet die Karten aus, mischt sie und legt sie verdeckt auf den Tisch.*
2. *Spielt zu zweit oder zu dritt. Nehmt abwechselnd zwei Karten.*
3. *Wenn du ein passendes Wort-Bild-Paar findest, kannst du es behalten und auf deinen Stapel legen.*
4. *Wer die meisten Paare findet, gewinnt.*

une robe

une chemise

une chaussette

une chaussure

un manteau

un t-shirt

un maillot de bain

une jupe

un foulard

une casquette

un pantalon

un sweat-shirt

👥👥 2 Partnerbogen – Ma casquette bleue → SB S. 12, Nr. 1

1. *Partner **A** deckt den B-Teil und Partner **B** den A-Teil ab.*
2. ***A** malt im A-Teil seine Kleidungsstücke in sechs verschiedenen Farben an, **B** im B-Teil.*
3. ***A** nennt ein leeres Feld im A-Teil. **B** nennt das Kleidungsstück und die Farbe, das sich in dem Feld im B-Teil befindet, z.B.: **un sweat-shirt bleu**. **A** zeichnet oder schreibt das Kleidungsstück in der entsprechenden Farbe in das leere Feld im A-Teil.*
4. *Danach nennt **B** ein leeres Feld im B-Teil. **A** nennt das Kleidungsstück und die Farbe in seinem Feld. **B** zeichnet oder schreibt das Kleidungsstück in der entsprechenden Farbe in das leere Feld im B-Teil.*

A

	1	2	3
a	un t-shirt		une robe
b		une chaussette	
c	une casquette		un foulard
d		un pantalon	

B

	1	2	3
a		un sweat-shirt	
b	une chaussure		un manteau
c		une chemise	
d	une jupe		un blouson

3 Tandembogen – Je ne porte pas ça! → SB S. 13–15, Nr. 2

1. *Faltet den Bogen in der Mitte.*
2. *Übertragt abwechselnd die Sätze ins Französische.*
3. *Kontrolliert euch gegenseitig anhand der Lösungen in Klammern.*
4. *Tauscht die Rollen.*

A	B
Du sagst, dass in der Küche ein riesiges Paket mit eurer Bestellung ist.	[Dans la cuisine, il y a un énorme paquet avec notre commande.]
[Qu'est-ce qu'il y a dans le paquet?]	Du möchtest wissen, was in dem Paket ist.
Du zeigst eine Hose und sagst, dass sie klasse, aber orange ist.	[Voilà un pantalon. Trop la classe! Mais il est orange!]
[Voilà un manteau. Le manteau est trop grand. Mais ça te va très bien.]	Du reichst ihr / ihm einen Mantel. Du sagst, dass er zu groß ist, aber dass es ihr / ihm gut steht.
Du erwiderst, dass du das nicht anziehst und dass du das weiße Hemd vorziehst.	[Je ne porte pas ça. Je préfère la chemise blanche.]
[La chemise est trop petite. Et il y a un trou.]	Du bemerkst, dass das Hemd zu klein ist und ein Loch hat.
Du schlägst vor, alles wieder in das Paket zu legen und es zu schließen.	[On met tout dans le paquet et on ferme.]
[Ni vu, ni connu.]	Du antwortest schelmisch, dass es ja keiner gesehen hat …

4 Puzzle – Un paquet pour madame Laval → SB S. 16, Nr. 4

1. *Schneide die Satzstreifen aus und bringe den Text in die richtige Reihenfolge.*
2. *Vergleiche mit einem Partner, ob ihr das richtige Lösungswort habt.*

Antoine: On a regardé dans le paquet.	**A**
Mme Legrand: Mais ce n'est pas notre paquet. C'est le paquet de madame Laval.	**U**
Maxime: Maman, il y a un problème.	**P**
Antoine: Alors, qu'est-ce qu'on fait maintenant?	**E**
Camille: Les vêtements sont moches.	**Q**
Maxime: On apporte le paquet chez madame Laval et on s'excuse.	**T**

Lösungswort: LE _____

5 Domi-mots – En hiver et en été → SB S. 17, Nr. 6

1. *Schneidet die Kärtchen auseinander und mischt sie.*
2. *Verteilt die Karten gleichmäßig. Der Spieler mit der **Début-Karte** beginnt.*
3. *Wer das passende Wort zur Abbildung hat, legt die Karte an und liest das Wort laut vor. Danach wird das passende Wort an das nächste Bild gelegt.*
4. *Das Spiel ist beendet, wenn die **Fin-Karte** gelegt wurde.*

Début		un parapluie	
des bottes		un pull	
un bonnet		des gants	
une écharpe		un anorak	
une robe		un pantalon	
un t-shirt		une jupe	Fin

☺☺ 6 Dialogkarten – Qu'est-ce que tu mets dans ton sac? → SB S. 17, Nr. 6

1. *Schneidet die Karten aus und legt sie auf einen Stapel.*
2. *Partner A zieht eine Karte. B stellt die Frage* **Qu'est-ce que tu mets dans ton sac?**
   A antwortet z.B.: **Dans mon sac, je mets une jupe, des chaussures et …**
3. *Danach zieht Partner B eine Karte. Partner A stellt die Frage und Partner B antwortet.*

Findest du bei den Karten mit ⭐ alle Kleidungsstücke heraus?

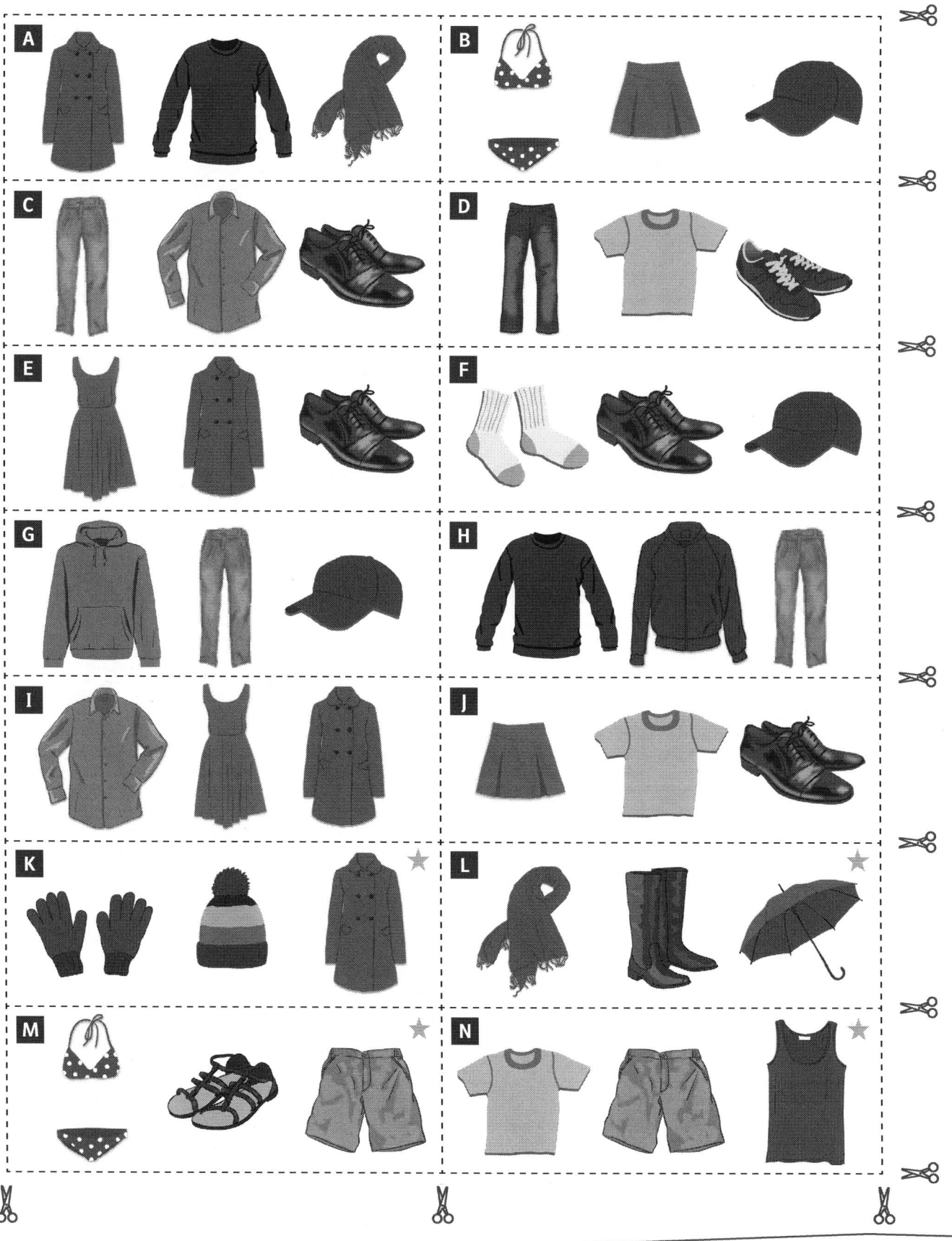

⚁⚁ 7 Tandembogen – Le lit est trop petit → SB S. 19, Nr. 11

1. *Faltet den Bogen in der Mitte.*
2. *Partner A stellt die Frage. Partner B antwortet und stellt die nächste Frage usw.*
3. *Kontrolliert euch gegenseitig anhand der Lösungen in Klammern.*
4. *Tauscht die Rollen.*

A	B
C'est trop grand ou trop petit? [La chaise est trop grande. L'armoire est trop petite. La table est trop petite.]	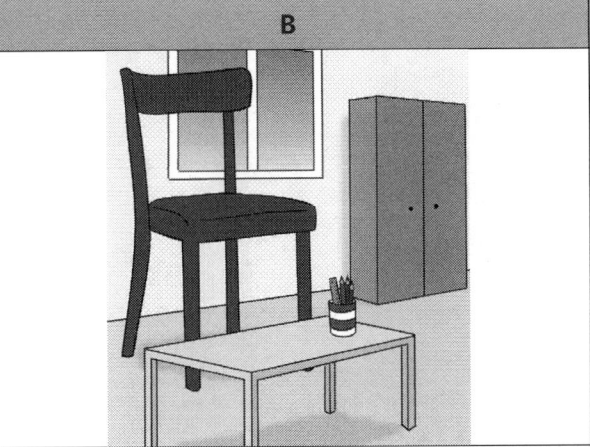
	C'est trop grand ou trop petit? [Le lit est trop petit. Les ballons sont trop grands. Les chaussettes sont trop petites. Les chaussures sont trop grandes.]
Les affaires sont trop grandes ou trop petites? [Le portable et le manteau sont trop grands. Les chaussures sont trop grandes. La chaise est trop petite. Le sac et le maillot de bain sont trop petits.]	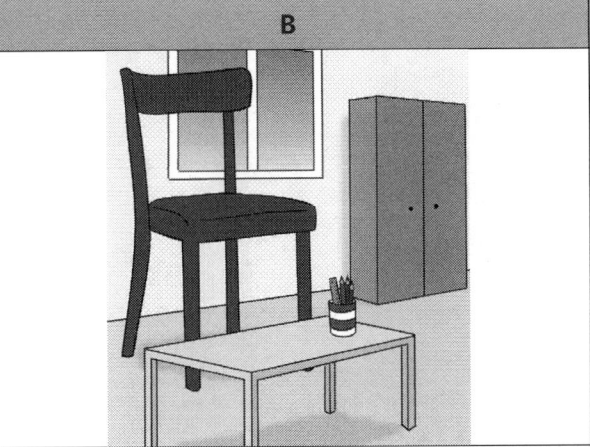
	Les affaires sont trop grandes ou trop petites? [La casquette est trop petite. Le portable est trop petit. Le pain au chocolat est trop grand. Le blouson est trop grand. Le ballon est trop petit.]

Tipp:
Diese Ausdrücke können euch
bei der Beschreibung helfen:
Sur la photo, il y a …
A gauche / A droite, c'est …
X porte un / une …

8 Images – C'est quelle photo?   → SB S. 19, Nr. 11

1. *Setzt euch gegenüber und schneidet die Bilder aus.*
2. *Legt die Bilder auf den Tisch.*
3. *Partner **A** sucht gedanklich ein Bild aus und beschreibt es so genau wie möglich. Partner **B** muss am Ende der Beschreibung herausfinden, welches Foto **A** beschrieben hat.*
4. *Tauscht anschließend die Rollen und beschreibt das nächste Bild usw.*

Klettbuch 623521 Tous ensemble 2, Materialien für die Freiarbeit. © Ernst Klett Verlag Stuttgart 2016 | www.klett.de |

⚙⚙ **9** Mediationskarten – Qu'est-ce que je mets pour la fête? → SB S. 20, Nr. 13

1. *Schneidet die Kärtchen aus und legt sie verdeckt auf den Tisch.*
2. *Partner **A** zieht eine Karte und liest die Aufgabe Partner **B** vor.*
3. ***B** überträgt die Angaben ins Französische und Partner **A** kontrolliert mithilfe der Lösung in Klammern.*
4. *Wird die Aufgabe richtig gelöst, darf der Spieler die Karte behalten und zieht die nächste Karte.*
5. *Gewonnen hat, wer am Schluss die meisten Karten besitzt.*

Wie fragst du, was du auf der Fete anziehen sollst? [Qu'est-ce que je mets pour la fête?]	**Wie fragst du, ob du ein T-Shirt zu deiner Jeans anziehen sollst?** [Je mets un t-shirt avec mon jean?]	**Wie fragst du, ob dir das steht?** [Ça me va?]	**Wie fragst du einen Freund, ob er eine Idee hat?** [Tu as une idée?]
Wie sagst du, dass jemandem das weiße Hemd gut steht? [La chemise blanche te va bien.]	**Wie sagst du, dass jemandem die rote Hose gut steht?** [Le pantalon rouge te va très bien.]	**Wie sagst du, dass das Kleid potthässlich ist?** [La robe est trop moche.]	**Wie fragst du, was jemand lieber mag? Den Rock oder die Hose?** [Qu'est-ce que tu préfères? La jupe ou le pantalon?]
Wie sagst du: Einen Rock? So etwas trage ich nicht. [Une jupe? Je ne porte pas ça.]	**Wie sagst du, dass du Jeans bevorzugst?** [Je préfère les jeans.]	**Wie sagst du, dass es nicht schick genug ist?** [Ce n'est pas assez chic.]	**Wie sagst du, dass das Sweatshirt nicht zur Hose passt?** [Le sweat-shirt ne va pas avec le pantalon.]
Wie sagst du, dass du rosa nicht magst? [Je n'aime pas le rose.]	**Wie sagst du, dass jemandem das Blau gut steht?** [Le bleu te va bien.]	**Wie sagst du, dass die Jacke zu klein ist?** [Le blouson est trop petit.]	**Wie sagst du, dass der Mantel zu groß ist?** [Le manteau est trop grand.]
Wie sagst du, wenn du jemandem empfiehlst, ein blaues Hemd anzuziehen? [Mets ta chemise bleue.]	**Wie sagst du, dass du das grüne T-Shirt kaufst?** [J'achète le t-shirt vert.]	**Wie sagst du einem Freund, dass es gut zu seiner Jeans passt?** [Ça va bien avec ton jean.]	**Wie sagst du, zeig mal?** [Fais voir.]

✎✎ **10** Frage-Antwort-Karten – Le look pour le collège → SB S. 20, Nr. 13

1. *Schneidet die Karten auseinander und setzt euch gegenüber.*
2. *Führt einen Dialog. **A** beginnt, **B** antwortet und setzt das Gespräch fort.*
3. *Tauscht am Ende die Karten und wiederholt das Gespräch.*

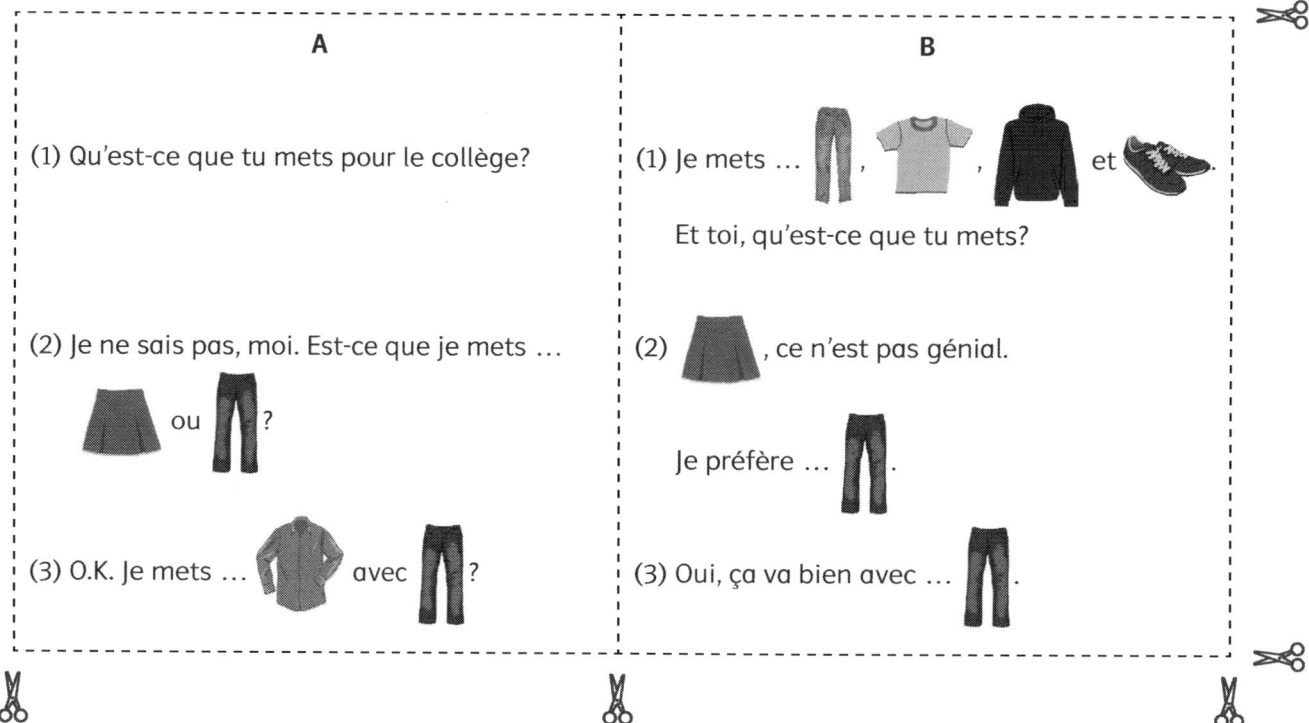

A

(1) Qu'est-ce que tu mets pour le collège?

(2) Je ne sais pas, moi. Est-ce que je mets … ou ?

(3) O.K. Je mets … avec ?

B

(1) Je mets … , , et .

Et toi, qu'est-ce que tu mets?

(2) , ce n'est pas génial.

Je préfère … .

(3) Oui, ça va bien avec … .

✎✎ **11** Frage-Antwort-Karten – Le look super pour la fête → SB S. 20, Nr. 13

1. *Schneidet die Karten auseinander und setzt euch gegenüber.*
2. *Führt einen Dialog. **A** beginnt, **B** antwortet und setzt das Gespräch fort.*
3. *Tauscht am Ende die Karten und wiederholt das Gespräch.*

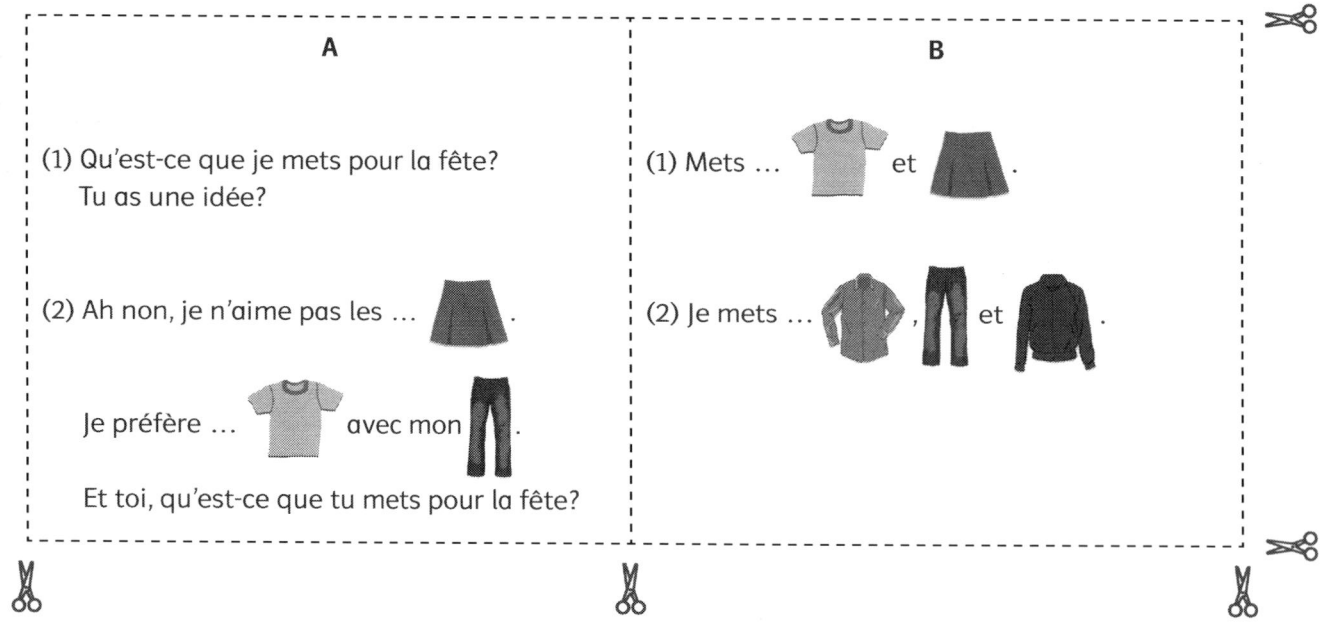

A

(1) Qu'est-ce que je mets pour la fête? Tu as une idée?

(2) Ah non, je n'aime pas les … .

Je préfère … avec mon .

Et toi, qu'est-ce que tu mets pour la fête?

B

(1) Mets … et .

(2) Je mets … , et .

👥12 Jeu – Fragekarten → SB S. 20

Für das Spiel braucht ihr einen Würfel, Spielfiguren und diese Spielkarten.
Schneidet die Fragekarten aus und legt sie verdeckt auf den Tisch.
Die Spielanleitung und den Spielplan findet ihr auf S. 16.

1. Les casquettes sont trop … 	2. Le t-shirt est trop … 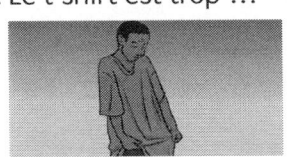	3. C'est une … 
4. Les sweats sont … et … 	5. Qu'est-ce qu'il achète? 	6. Il y a un … dans mon t-shirt. 
7. En …, il fait froid. 	8. En …, il fait chaud. 	9. Qu'est-ce qu'elle fait? 
10. Qu'est-ce que tu fais? 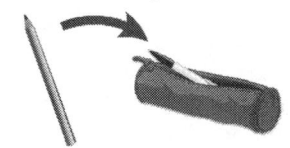	11. Quel est le problème? 	12. Qu'est-ce qu'elle porte? 
13. Qu'est-ce qu'il met sur la chaise? 	14. Qu'est-ce qu'elle fait? 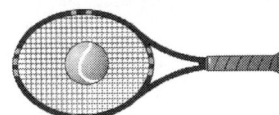	15. C'est un … 

Lösungskarte für den Spielführer:

1. Les casquettes sont trop grandes.	2. Le t-shirt est trop grand.	3. C'est une jupe.	4. Les sweats sont noirs et gris.	5. Il achète des baskets.
6. Il y a un trou dans mon t-shirt.	7. En hiver, il fait froid.	8. En été, il fait chaud.	9. Elle met les clés dans le sac.	10. Je mets le crayon dans la trousse.
11. Le lit est trop petit.	12. Elle porte un t-shirt et un pantalon.	13. Il met le pantalon sur la chaise.	14. Elle fait du tennis.	15. C'est un clown.

13 Jeu – Spielplan

1. *Spielt zu dritt oder zu viert und bestimmt einen Spielleiter.*
2. *Legt die ausgeschnittenen Fragekarten auf einen Stapel.*
3. *Alle Spieler setzen ihren Spielstein auf „Départ".*
4. *Der Spielleiter stellt **A** eine Aufgabe. Wird sie richtig beantwortet, darf **A** würfeln und entsprechend der Augenzahl ziehen. Dann kommt **B** an die Reihe usw.*
5. *Wer zuerst in Paris ankommt, gewinnt.*

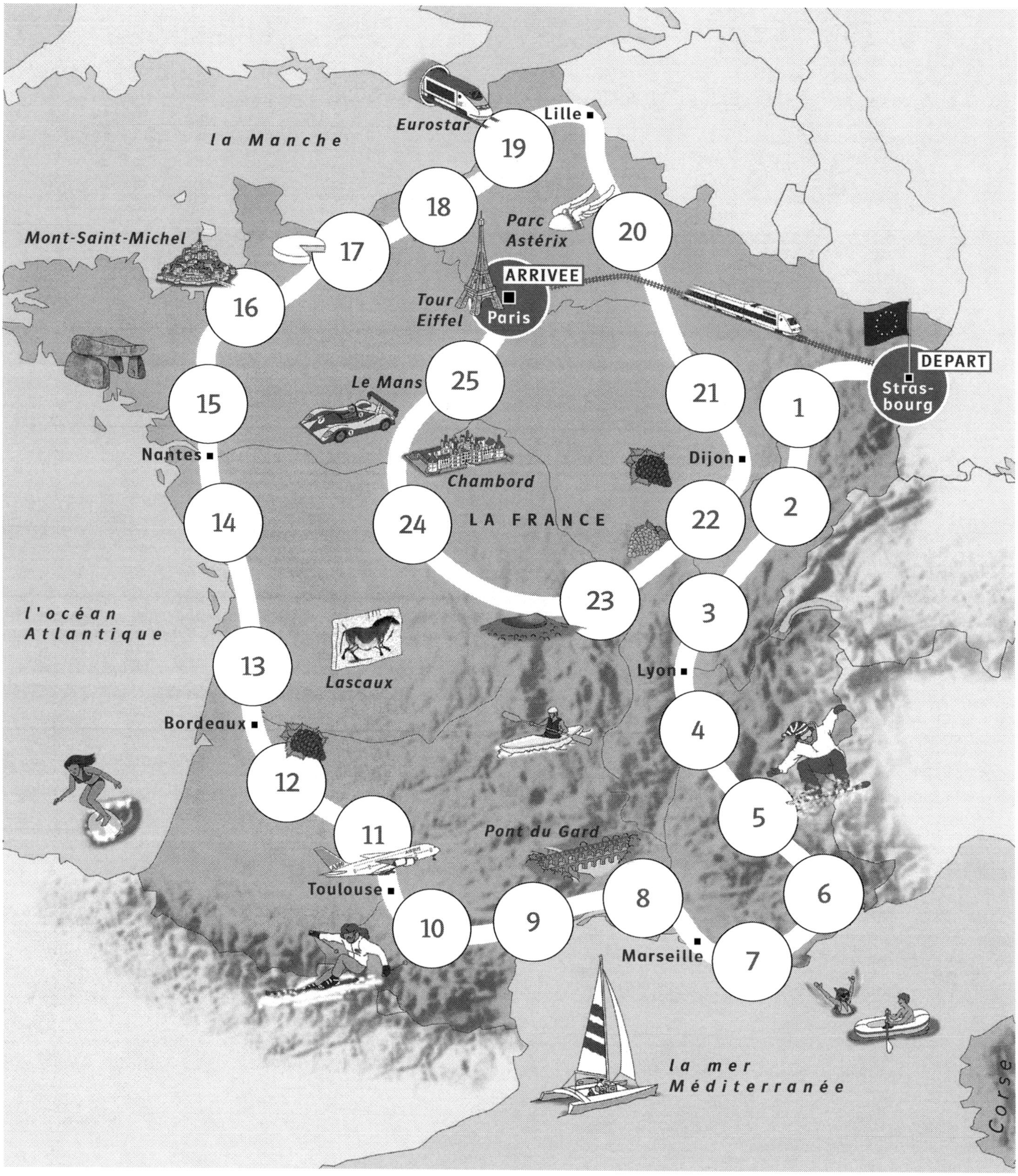

1 La bonne carte – Au collège → SB S. 30–31, Nr. 1–4

1. *Schneidet die Karten aus, mischt sie und legt sie verdeckt auf den Tisch.*
2. *Spielt zu zweit oder zu dritt. Nehmt abwechselnd zwei Karten.*
3. *Wenn du ein passendes Wort-Bild-Paar findest, kannst du es behalten und auf deinen Stapel legen.*
4. *Wer die meisten Paare findet, gewinnt.*

un collège

une salle de classe

un gymnase

une cantine

une piscine

une cour

une infirmerie

un CDI

des toilettes

un stylo

un livre

un sac

2

Name: **Klasse:**   **Datum:**

2 Satzkarten – Malika montre le CDI à Alex → SB S. 32, Nr. 1

1. *Schneidet die Karten aus, und legt sie auf einen Stapel.*
2. *Partner A zieht eine Karte und bildet einen vollständigen Satz.*
   Verbindet die Satzteile im Uhrzeigersinn.
3. *Wenn du einen richtigen Satz formuliert hast, kannst du die Karte*
   behalten und auf deinen Stapel legen.
4. *Danach ist Partner B an der Reihe usw.*

Exemple **A:** *Le surveillant présente Alex à la documentaliste.*

A
₂présenter
₁surveillant   ₃Alex
₄documentaliste

B
montrer
₁documentaliste   ordinateurs
élèves

C
donner
₁Alex   photo
Mme Colin

D
présenter
₁Malika   Alex
Julie

E
présenter
₁filles   copines
garçons

F
montrer
₁Emma   cantine
Alex

G
donner
₁Maxime   BD
copains

H
présenter
₁Farid   Alex
son copain

👥👥 **3** **Frage-Antwort-Karten – Trop discret** → SB S. 33–35, Nr. 2

1. *Schneidet die Karten auseinander und setzt euch zu zweit gegenüber.*
2. *Übertragt abwechselnd die Sätze ins Französische.*
3. *Tauscht am Ende die Karten und wiederholt das Gespräch.*

A	B
(1) Du bist neu an der Schule, begrüßt deinen Mitschüler / deine Mitschülerin und erkundigst dich, wo der Raum 80 ist.	(1) [Salut. Où est la salle quatre-vingts?]
(2) [Comment?]	(2) Du hast die Frage nicht richtig verstanden und fragst nach.
(3) Du sagst, dass du den Raum 80 suchst.	(3) [Je cherche la salle quatre-vingts.]
(4) [C'est au 2ᵉ étage.]	(4) Du erklärst, dass der Raum im 2. Stockwerk ist.
(5) Du bedankst dich.	(5) [Merci beaucoup.]
(6) [Tu es en 5ᵉA?]	(6) Du fragst, ob er / sie in der 5ᵉA ist.
(7) Du bejahst die Frage und stellst dich vor.	(7) [Oui. Je m'appelle …]
(8) [Je m'appelle … Tu viens d'où?]	(8) Du stellst dich auch vor und fragst, woher er / sie kommt.
(9) Du antwortest, dass du aus Berlin kommst und verabschiedest dich.	(9) [Je viens de Berlin. Salut.]

4 Images – C'est quelle photo? → SB S. 33–35, Nr. 2

1. *Setzt euch gegenüber und schneidet die Bilder aus.*
2. *Legt die Bilder auf den Tisch.*
3. *Partner **A** sucht gedanklich ein Bild aus, beschreibt es so genau wie möglich und sagt, was die Personen machen. Partner **B** muss am Ende der Beschreibung herausfinden, welches Foto **A** beschrieben hat.*
4. *Tauscht anschließend die Rollen und beschreibt das nächste Bild usw.*

> **Tipp:**
> Beginne deine Beschreibung mit:
> *Sur la photo, il y a …*
> *A gauche / A droite, il y a …*
> *Il / Elle fait …*
> *Ils / Elles font …*

⚇⚇ 5 Tandembogen – On chatte? → SB S. 35, Nr. 2G

1. *Faltet den Bogen in der Mitte.*
2. *Übertragt abwechselnd die Sätze ins Französische.*
3. *Kontrolliert euch gegenseitig anhand der Lösungen in Klammern.*
4. *Tauscht die Rollen.*
5. *Findet heraus, was die Chatwörter in der Übersicht rechts bedeuten und ergänzt.*

1. keske ...?
2. Slt!
3. chuis
4. 2m1
5. Ril
6. A+

A	B
Du begrüßt deine Freundin / deinen Freund, fragst, wie es geht und was er / sie macht.	[Coucou. Ça va? Qu'est-ce que tu fais?]
[Salut. Rien. On a des devoirs de maths?]	Du grüßt zurück, sagst, dass du nichts machst und fragst, ob ihr Mathehausaufgaben habt.
Du verneinst und sagst, dass ihr nächste Woche eine Arbeit schreibt.	[Non, mais la semaine prochaine, il y a une interro.]
[Je suis nul en maths.]	Du sagst, dass du nicht besonders gut in Mathe bist.
Du möchtest wissen, ob ihr morgen zusammen lernt.	[On révise demain ensemble?]
[Demain, je n'ai pas le temps.]	Du antwortest, dass du morgen keine Zeit hast.
Du fragst, warum er/sie keine Zeit hat.	[Pourquoi tu n'as pas de temps?]
[On prépare un spectacle.]	Du erklärst, dass ihr eine Aufführung vorbereitet.
Du fragst, warum er / sie eine Aufführung vorbereitet.	[Pourquoi tu prépares un spectacle?]
[Je suis dans une compagnie de danse.]	Du erklärst, dass du in einer Tanzgruppe bist.

☺☺ 6 Jeu – Je révise → SB S. 36, Nr. 5, 6

1. *Partner **A** nennt einen Buchstaben und eine Zahl.*
2. *Partner **B** konjugiert das entsprechende Verb in der angegebenen Personalform, bildet mit den dazugehörenden Wörtern einen grammatikalisch richtigen Satz und streicht das Kästchen durch.*
3. *Wechselt euch ab.*

Exemple: **A**: B / 1.　　**B**: *Tu **fais du** foot **avec** moi?*

		1	2	3	4
A	je / j'	être 5eB collège Honoré de Balzac	apprendre français	ne … pas avoir temps	manger la maison
B	tu	faire foot moi?	manger nous?	venir d'où?	aller la cantine moi?
C	il / elle / on	apprendre allemand	commencer 8 heures	être 5eA collège Honoré de Balzac	venir Belgique
D	nous	venir Allemagne	être 5eC collège Honoré de Balzac	avoir devoirs maths	chercher salle 90
E	vous	aller CDI midi?	avoir devoirs français?	allumer ordinateurs pour chatter?	apprendre anglais collège?
F	ils / elles	commencer 8h30	manger ensemble cantine?	faire ping-pong	retrouver nouveau devant cantine

🗣🗣 7 Tandembogen – Tu viens d'où? → SB S. 37, Nr. 7

1. *Faltet den Bogen in der Mitte.*
2. *Partner **A** stellt die vorgegebene Frage. Partner **B** antwortet und stellt die nächste Frage usw.*
3. *Kontrolliert euch gegenseitig anhand der Lösungen in Klammern.*
4. *Tauscht die Rollen.*

A	B
Emma vient d'où? [Elle vient de la Fnac.]	Elle …
Il …	Théo vient d'où? [Il vient du skatepark.]
Farid et ses copains, ils viennent d'où? [Ils viennent de la piscine.]	Ils …
Nous …	Vous venez d'où? [Nous venons du gymnase.]
Tu viens d'où? [Je viens de l'infirmerie.]	Je …
Je …	Tu viens d'où? [Je viens des toilettes.]

2

8 Partnerbogen – Mon ordinateur → SB S. 38, Nr. 9

1. *Partner **A** deckt den B-Teil und Partner **B** den A-Teil ab.*
2. ***A** nennt ein leeres Feld im A-Teil. Partner **B** diktiert bzw. benennt das Wort, das sich in dem Feld im B-Teil befindet. A trägt das entsprechende Wort in das leere Feld im A-Teil ein.*
3. *Danach nennt **B** ein leeres Feld im B-Teil. **A** diktiert das Wort in seinem Feld. **B** trägt das entsprechende Wort in das leere Feld im B-Teil ein usw.*

A

	1	2	3
a			
b		cliquer	
c	taper		allumer
d			

B

	1	2	3
a		chatter	
b			
c		aller sur	
d			

⚼⚼ 9 Mediationskarten – Je présente mon école → SB S. 39, Nr. 11

1. *Schneidet die Kärtchen aus und legt sie verdeckt auf den Tisch.*
2. *Partner **A** zieht eine Karte und liest die Aufgabe Partner **B** vor.*
3. ***B** überträgt die Angaben ins Französische und Partner **A** kontrolliert mithilfe der Lösung in Klammern.*
4. *Wird die Aufgabe richtig gelöst, darf der Spieler die Karte behalten und zieht die nächste Karte.*
5. *Gewonnen hat, wer am Schluss die meisten Karten besitzt.*

Wie sagst du, dass du in der 7e bist? [Je suis en 7e (septième).]	**Wie sagst du, dass du in der 8e bist?** [Je suis en 8e (huitième).]	**Wie sagst du, dass dein Klassenlehrer Herr Wilmes ist?** [Mon prof principal, c'est M. Wilmes.]	**Wie sagst du, dass das dein Deutschlehrer ist?** [C'est mon prof d'allemand.]
Wie sagst du, dass deine Mathelehrerin Frau Schröder ist? [Ma prof de maths, c'est Mme Schröder.]	**Wie sagst du, dass dein Lieblingsfach Sport ist?** [Ma matière préférée, c'est l'EPS.]	**Wie sagst du, dass dein Lieblingsfach Mathe ist?** [Ma matière préférée, c'est les maths.]	**Wie sagst du, dass deine Lieblingsfächer Deutsch und Französisch sind?** [Mes matières préférées sont l'allemand et le français.]
Wie sagst du, dass du in der Schule Englisch lernst? [J'apprends l'anglais à l'école.]	**Wie sagst du, dass du in der Schule Französisch lernst?** [J'apprends le français à l'école.]	**Wie sagst du, dass du seit drei Jahren Englisch lernst?** [J'apprends l'anglais depuis trois ans.]	**Wie sagst du, dass du seit einem Jahr Französisch lernst?** [J'apprends le français depuis un an.]
Wie sagst du, dass der Unterricht morgens um 8 Uhr beginnt? [Le matin, les cours commencent à 8 heures.]	**Wie sagst du, dass der Unterricht in zehn Minuten anfängt?** [Le cours commence dans dix minutes.]	**Wie sagst du, dass du mittags in der Kantine isst?** [A midi, je mange à la cantine.]	**Wie sagst du, dass du mittags zu Hause isst?** [A midi, je mange à la maison.]
Wie sagst du, dass ihr heute bis ein Uhr Unterricht habt? [Aujourd'hui, on a cours jusqu'à une heure.]	**Wie sagst du, dass du heute bis vier Uhr Unterricht hast?** [Aujourd'hui, j'ai cours jusqu'à quatre heures.]	**Wie sagst du, dass du Mittwochnachmittag keinen Unterricht hast?** [Mercredi, je n'ai pas cours l'après-midi.]	**Wie sagst du, dass ihr Montag keinen Unterricht habt?** [Lundi, on n'a pas cours.]

☺☺ 10 Partnerbogen – Mon emploi du temps → SB S. 40

l'histoire-géo, les maths, la musique, l'EPS,
les arts plastiques, le français, l'allemand,
l'anglais, les sciences physiques,
la technologie, les SVT, l'espagnol

1. *Gestaltet euren Stundenplan zunächst jeweils selbst, indem ihr verschiedene Fächer in den grau unterlegten Kästchen notiert.*
2. *Partner **A** deckt den B-Teil und Partner **B** den A-Teil ab.*
3. ***A** nennt einen Wochentag, eine Uhrzeit und sein Fach aus dem A-Teil. Partner **B** trägt das entsprechende Fach in das jeweilige leere Feld im B-Teil ein.*
4. *Danach nennt **B** einen Wochentag, eine Uhrzeit und sein Fach im B-Teil. **A** trägt das entsprechende Fach in das leere Feld im A-Teil ein usw.*
5. *Am Ende legt ihr die Stundenpläne nebeneinander und kontrolliert, ob die eingetragenen Informationen korrekt sind.*

Exemple: **A:** Lundi, de huit heures moins cinq à neuf heures vingt cinq, j'ai français.
           B: Mercredi, de dix heures à onze heures trente, j'ai maths.

A

heures	lundi	mardi	mercredi	jeudi	vendredi
7h55 – 9h25					
récréation					
10h00 – 11h30					
récréation					
11h45 – 13h15					

B

heures	lundi	mardi	mercredi	jeudi	vendredi
7h55 – 9h25					
récréation					
10h00 – 11h30					
récréation					
11h45 – 13h15					

☺☺ **11** Partnerbogen – Mon école → SB S. 40

1. *Trennt die Karten A und B und setzt euch gegenüber.*
2. *Stellt eure Schule vor. A beginnt und stellt Partner B die Schule und seine Klasse vor. B trägt die Angaben auf der rechten Seite seiner Karte ein. Danach stellt B seine Lehrkräfte und seinen Schulalltag Partner A vor. Nun trägt A die entsprechenden Informationen bei sich auf der rechten Karte ein.*
3. *Vergleicht am Ende eure Karten und überprüft, ob die eingetragenen Informationen korrekt sind.*

A	
1. Introduction Je vous présente le collège	**1. Profs** Prof principal(e): .... Prof de: ....
2. Mon école Dans mon école nous sommes environ .... élèves et il y a .... classes de 5ᵉ.	**2. Journée à l'école** le matin: .... à midi: .... l'après-midi: ....
3. Ma classe Je suis dans la .... Dans ma classe, il y a .... filles et .... garçons.	**3. Conclusion**

✂

B	
1. Mes profs Mon / Ma prof principal(e) s'appelle .... C'est mon / ma prof de	**1. Introduction** collège: ....
2. Ma journée à l'école Le matin, les cours commencent à .... heures. A midi, je mange à la maison. L'après-midi, j'ai cours jusqu'à .... heures.	**2. Ecole** élèves: .... combien de classes: ....
3. Conclusion Voilà ma présentation est terminée. Est-ce que vous avez des questions?	**3. Classe** classe: .... filles: .... garçons: ....

1 Frage-Antwort-Karten – Moi, je fais du shopping → SB S. 47, Nr. 4

1. *Schneidet die Karten auseinander und setzt euch gegenüber.*
2. *Führt einen Dialog und übertragt die Vorgaben ins Französische.*
   ***A** beginnt, **B** antwortet und setzt das Gespräch fort.*
3. *Tauscht am Ende die Karten und wiederholt das Gespräch.*

A	B
(1) Du fragst deine Freundin / deinen Freund, was sie / er heute macht.	(1) [Qu'est-ce que tu fais aujourd'hui?]
(2) [Je vais au cinéma avec mes copines / mes copains. Et toi, qu'est-ce que tu fais?]	(2) Du sagst, dass du mit deinen Freundinnen / deinen Freunden ins Kino gehst. Du fragst nun deinen Freund / deine Freundin, was er / sie macht.
(3) Du sagst, dass du mit deinen Eltern ins Stadion gehst. Ihr seht euch ein Fußballspiel an.	(3) [Moi, je vais au stade avec mes parents. On regarde un match de foot.]

2 Dialogkarten – Qu'est-ce que tu as fait ce week-end? → SB S. 48, Nr. 1

1. *Schneidet die Karten aus und legt sie auf einen Stapel.*
2. *Partner **A** zieht eine Karte. Partner **B** stellt die Frage **Qu'est-ce que tu as fait ce week-end?** Partner **A** beantwortet sie.*
3. *Danach zieht Partner **B** eine Karte. Partner **A** stellt die Frage und Partner **B** antwortet usw.*

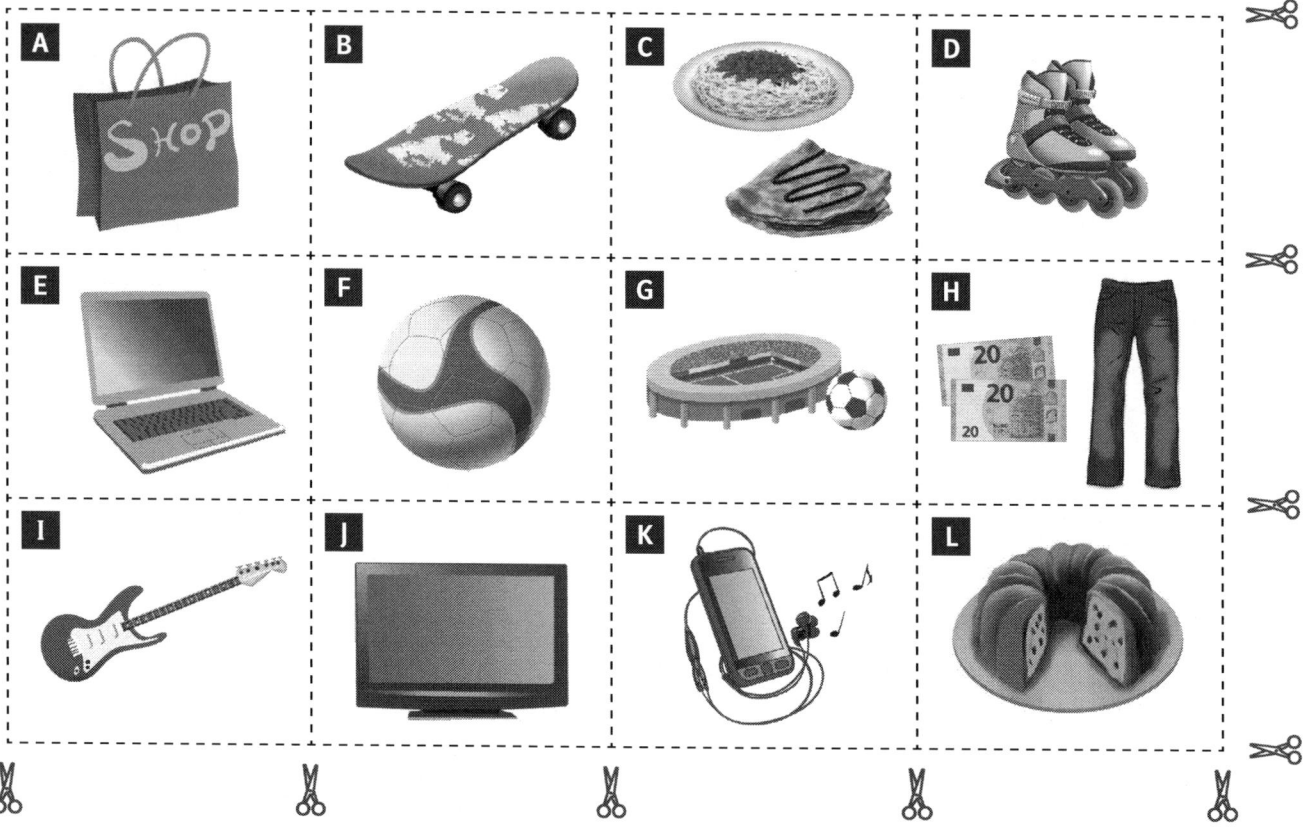

⚮⚮ **3** La bonne carte – Qu'est-ce que tu as fait? → SB S. 48, Nr. 1

1. *Schneidet die Karten aus, mischt sie und legt sie verdeckt auf den Tisch.*
2. *Spielt zu zweit oder zu dritt. Nehmt abwechselnd zwei Karten.*
3. *Wenn du ein passendes Satz-Bild-Paar findest, kannst du es behalten und auf deinen Stapel legen.*
4. *Wer die meisten Paare findet, gewinnt.*

J'ai écouté de la musique.		J'ai regardé la télé.
J'ai fait de la guitare.		J'ai fait du rugby.
J'ai mangé un gâteau.		J'ai chatté avec un copain.
J'ai acheté un jean.		J'ai fait du foot.
J'ai mangé une crêpe.		J'ai fait du shopping.
J'ai fait du skate.		J'ai visité le Louvre.
J'ai mangé des spaghettis.		J'ai regardé un match au stade.

4 Puzzle – Un paquet pour madame Laval → SB S. 49–50, Nr. 2

1. *Schneide die Satzstreifen aus und bringe den Text in die richtige Reihenfolge.*
2. *Vergleiche mit einem Partner, ob ihr das richtige Lösungswort habt.*

Ils ont fait un paquet-cadeau pour madame Laval avec le portefeuille dedans.	E
Maxime n'est pas là et il ne répond pas au téléphone. Il a peut-être oublié le rendez-vous? Alors les filles entrent dans le cinéma.	I
Maxime arrive et raconte son histoire.	T
Ils ont trouvé les papiers de madame Laval.	R
Maxime a montré le portefeuille à Antoine et ils ont regardé dedans.	I
Dans la salle de cinéma, les filles ont trouvé trois places et elles mangent du popcorn.	S
Malika arrive au cinéma à 16h45. Julie est déjà là. Mais où est Maxime?	H
Il a trouvé un portefeuille avec 200 euros dedans, dans la rue, devant son immeuble.	O

Lösungswort: **UNE** _____

5 Domi-mots – L'histoire d'Alex → SB S. 51, Nr. 4

1. *Schneidet die Karten auseinander und mischt sie.*
2. *Verteilt die Karten gleichmäßig. Der Spieler mit der **Début-Karte** beginnt.*
3. *Wer das passende Wort zum Satz hat, legt die Karte an und liest den Satz laut vor. Danach wird das passende Wort an den nächsten Satz gelegt.*
4. *Das Spiel ist beendet, wenn die **Fin-Karte** gelegt wurde.*

Début	Samedi et dimanche, c'est le …	week-end.	Enzo et ses copains regardent un match au …
stade.	Hugo est en …	retard.	Il a … un copain.
rencontré	Ils ont trouvé un …	portefeuille.	Ils ont … le portefeuille.
ramassé	Ils ont … une photo et cinq euros dedans.	trouvé	Ils sont allé au …
commissariat.	Ils ont donné le portefeuille au …	policier.	**Fin**

⚏⚏ 6 Tandembogen – J'ai perdu mon portable → SB S. 51, Nr. 5

1. *Faltet den Bogen in der Mitte.*
2. *Übertragt abwechselnd die Sätze ins Französische.*
3. *Kontrolliert euch gegenseitig anhand der Lösungen in Klammern.*
4. *Tauscht die Rollen.*

A	B
Du sagst, dass du dein Handy verloren hast.	[J'ai perdu mon portable.]
[Où?]	Du möchtest wissen, wo.
Du sagst, dass du es nicht weißt.	[Je ne sais pas.]
[Quand?]	Du fragst, wann.
Du antwortest, dass es am vergangenen Wochenende war.	[Le week-end dernier.]
[Il est comment, ton portable?]	Du möchtest wissen, wie das Handy aussieht.
Du sagst, dass es klein und weiß ist.	[Il est petit et blanc.]
[Qu'est-ce que tu as fait ce week-end?]	Du fragst, was er / sie am Wochenende gemacht hat.
Du erzählst, dass du dir am Samstag in der Innenstadt einen Schal gekauft hast. Danach hast du dir im Kino einen Film angesehen.	[Samedi, j'ai acheté un foulard au centre-ville. Et après, j'ai regardé un film au cinéma.]
[Tu as perdu ton portable au cinéma?]	Du fragst nach, ob er / sie das Handy im Kino verloren hat.
Du wiederholst, dass du es nicht weißt …	[Je ne sais pas …]

☺☺ **7** Partnerbogen – Devant le commissariat → SB S. 51, Nr. 5

1. *Partner **A** deckt den B-Teil und Partner **B** den A-Teil ab.*
2. ***A** nennt ein leeres Feld im A-Teil und fragt **Qu'est-ce que tu as perdu?** **B** nennt den Gegenstand, der sich in dem Feld im B-Teil befindet. **A** schreibt das entsprechende Wort in das leere Feld im A-Teil.*
3. *Danach nennt **B** ein leeres Feld im B-Teil. **A** nennt den Gegenstand in seinem Feld. **B** schreibt das entsprechende Wort in das leere Feld im B-Teil.*

A

	1	2	3
a			
b			
c			
d			

B

	1	2	3
a			
b			
c			
d			

⊘⊘ 8 Puzzle – Vous avez rencontré des copains? → SB S. 52, Nr. 6

1. *Schneidet die Karten aus, mischt sie und legt sie sichtbar auf den Tisch.*
2. *Bildet richtige Sätze. Beginnt immer mit der grau unterlegten Karte.*

avons	des crêpes.	Nous	mangé
un film.	Elles	regardé	ont
des DVD?	acheté	avez	Vous
Ils	une carte bancaire.	ont	trouvé
avez	des copains.	Vous	rencontré
du shopping?	Tu	fait	as

⊘⊘ 9 Jeu de mime – Tu as téléphoné? → SB S. 53, Nr. 8

1. *Schneidet die Karten aus und legt sie verdeckt auf den Tisch.*
2. ***A*** *nimmt eine Karte und macht pantomimisch vor, was auf der Karte steht.*
   B *muss die Handlung erraten, z. B.: Tu as téléphoné?*
3. *Danach ist **B** an der Reihe.*

J'écoute de la musique.	Je traîne dans ma chambre.	Je regarde la télé.
Je mange un gâteau.	Je cherche mes clés.	Je ramasse mon portable.
Je fais du skate.	Je téléphone.	Je fais du foot.

☺☺**10** Frage-Antwort-Karten – Maintenant et hier   → SB S. 53, Nr. 8

1. *Schneidet die Karten auseinander und setzt euch gegenüber.*
2. *Führt einen Dialog. **A** beginnt, **B** antwortet und setzt das Gespräch fort.*
3. *Tauscht am Ende die Karten und wiederholt das Gespräch.*

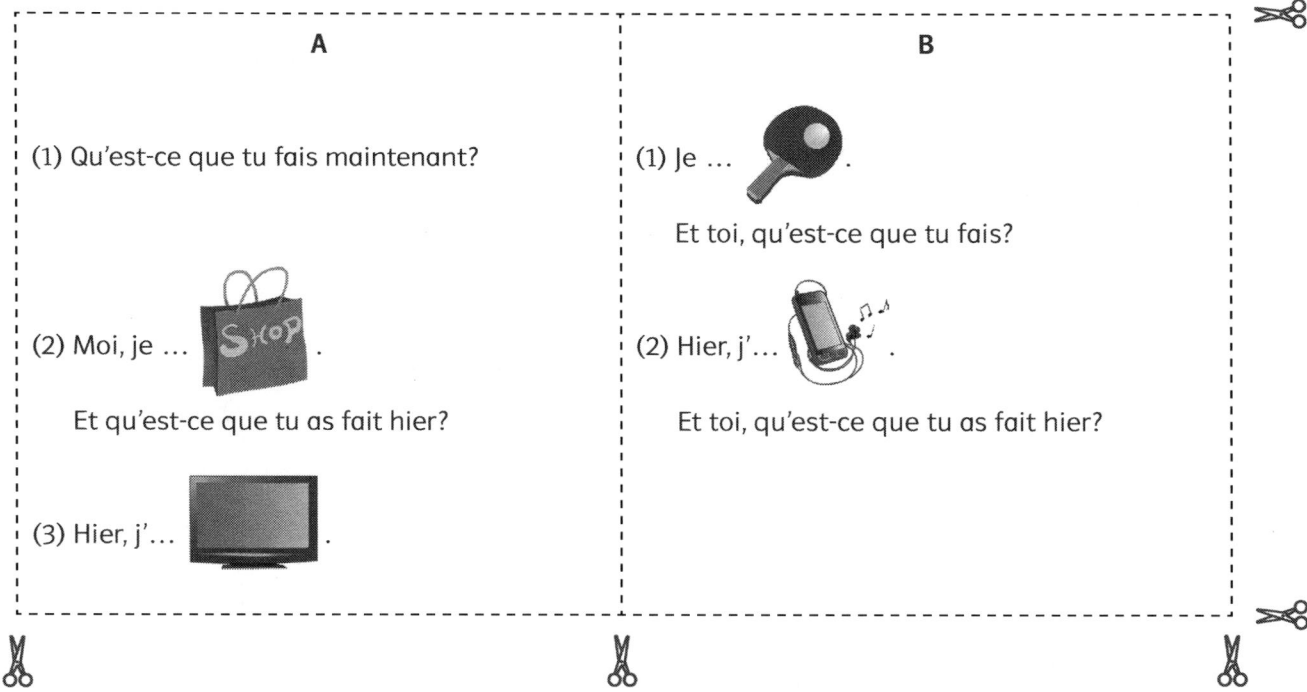

A

(1) Qu'est-ce que tu fais maintenant?

(2) Moi, je …   .

Et qu'est-ce que tu as fait hier?

(3) Hier, j'…   .

B

(1) Je …   .

Et toi, qu'est-ce que tu fais?

(2) Hier, j'…   .

Et toi, qu'est-ce que tu as fait hier?

☺☺**11** Frage-Antwort-Karten – Hier et maintenant   → SB S. 53, Nr. 8

1. *Schneidet die Karten auseinander und setzt euch gegenüber.*
2. *Führt einen Dialog. **A** beginnt, **B** antwortet und setzt das Gespräch fort.*
3. *Tauscht am Ende die Karten und wiederholt das Gespräch.*

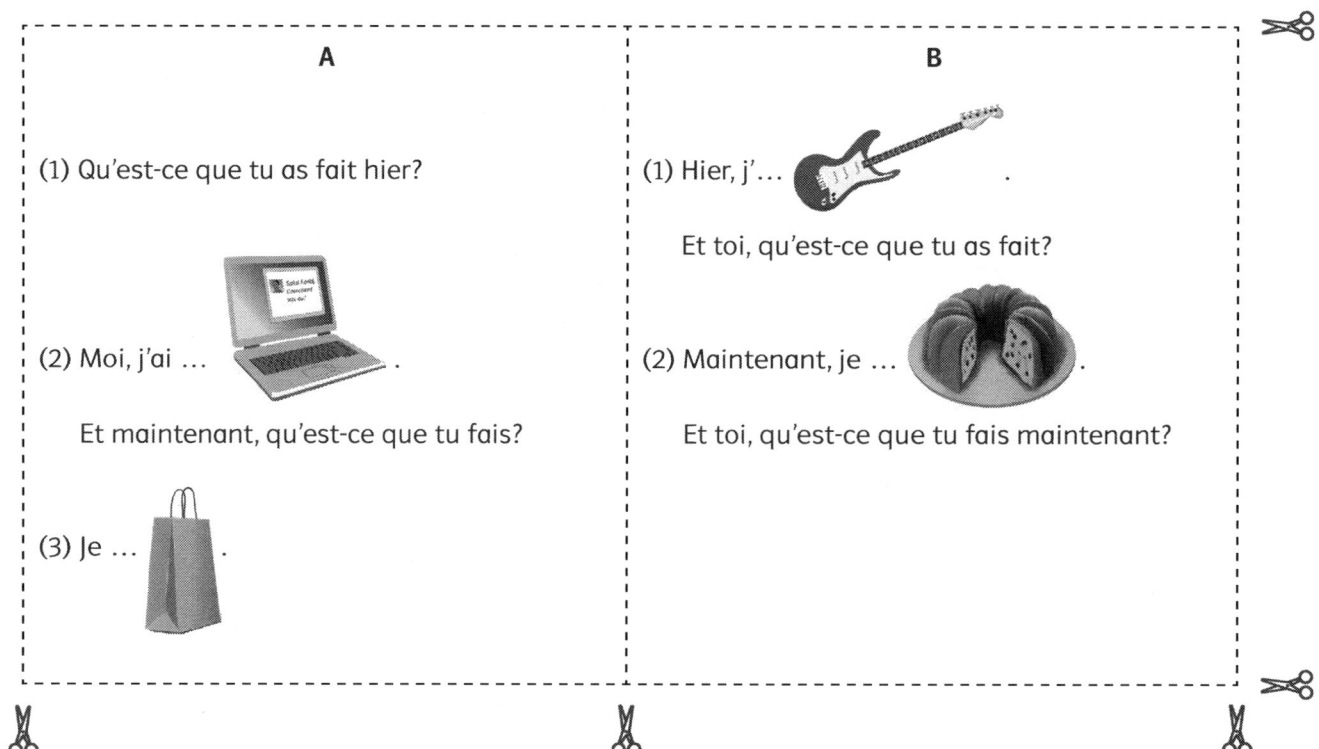

A

(1) Qu'est-ce que tu as fait hier?

(2) Moi, j'ai …   .

Et maintenant, qu'est-ce que tu fais?

(3) Je …   .

B

(1) Hier, j'…   .

Et toi, qu'est-ce que tu as fait?

(2) Maintenant, je …   .

Et toi, qu'est-ce que tu fais maintenant?

12 Partnerbogen – On attend → SB S. 53, Nr. 9

1. *Partner **A** deckt den B-Teil und Partner **B** den A-Teil ab.*
2. ***A** nennt ein leeres Feld im A-Teil. **B** nennt das Verb, das sich in dem Feld im B-Teil befindet.*
   ***A** trägt das Verb in das leere Feld im A-Teil ein.*
3. *Danach nennt **B** ein leeres Feld im B-Teil. **A** nennt das Verb in seinem Feld.*
   ***B** trägt das Verb in das leere Feld im B-Teil ein usw.*

A

	1	2	3
a	j'attends		il attend
b		nous attendons	
c	vous attendez		elles attendent
d		j'ai attendu	

B

	1	2	3
a		tu réponds	
b	elle répond		nous répondons
c		vous répondez	
d	ils répondent		j'ai répondu

13 Jeu – Fragekarten → SB S. 53, Nr. 10

Für das Spiel braucht ihr einen Würfel, Spielfiguren und diese Spielkarten.
Schneidet die Fragekarten aus und legt sie verdeckt auf den Tisch.
Die Spielanleitung und den Spielplan findet ihr auf S. 16.

1. Qu'est-ce qu'elles mangent?	2. Il est où?	3. Ils sont où?
4. Qu'est-ce qu'elle a perdu?	5. Qu'est-ce qu'il a trouvé?	6. Qu'est-ce qu'il a acheté?
7. Complète: je réponds, tu …, il / elle / on …, nous …, vous …, ils / elles …	8. Complète: j'attends, tu …, il / elle / on …, nous …, vous …, ils / elles …	9. Complète: j'oublie, tu …, il / elle / on …, nous …, vous …, ils / elles …
10. Qu'est-ce qu'elle a fait?	11. Qu'est-ce qu'ils ont fait?	12. Est-ce qu'elle a chatté?
13. Est-ce qu'il a perdu son portefeuille?	14. Est-ce qu'elle a trouvé un sac?	15. Samedi et dimanche, c'est le …?

Lösungskarte für den Spielführer:

1. Elles mangent du popcorn.	2. Il est au supermarché.	3. Ils sont au stade.	4. Elle a perdu sa carte bancaire.	5. Il a trouvé un porte-monnaie.
6. Il a acheté un portefeuille.	7. je réponds tu réponds il/elle/on répond nous répondons vous répondez ils/elles répondent	8. j'attends tu attends il/elle/on attend nous attendons vous attendez ils / elles attendent	9. j'oublie tu oublies il/elle/on oublie nous oublions vous oubliez ils/elles oublient	10. Elle a joué de la guitare. / Elle a fait de la guitare.
11. Ils ont mangé un/du gâteau./ Ils ont fait un gâteau.	12. Non, elle a écouté de la musique.	13. Non, il a perdu ses clés.	14. Non, elle a trouvé une trousse.	15. Samedi et dimanche, c'est le week-end.

🗣️🗣️**14 Tandembogen – Racontez!**　→ SB S. 54

1. *Faltet den Bogen in der Mitte.*
2. *Partner **A** stellt seine Fragen zum Bild. Partner **B** antwortet und stellt die nächsten Fragen usw.*
3. *Kontrolliert euch gegenseitig anhand der Lösungen in Klammern.*
4. *Tauscht die Rollen.*

A	B
C'est qui?　　[C'est Emma.] Elle est où?　　[Elle est au parc.] Qu'est-ce qu'elle fait?　[Elle écoute de la musique.]	
	C'est qui?　　[C'est Théo.] Il est où?　　[Il est à la maison.] Qu'est-ce qu'il fait?　[Il téléphone.]
C'est qui?　　[C'est / Ce sont Théo et Farid.] Qu'est-ce qu'ils ont fait?　[Ils ont fait un tour à vélo. / Ils ont fait du vélo.]	
	C'est qui?　　[C'est / Ce sont Théo et Farid.] Qu'est-ce qu'ils ont fait samedi matin?　[Ils ont fait du shopping.]
C'est qui?　　[C'est Florence Rigaud.] Qu'est-ce qu'elle fait?　[Elle mange un sandwich.]	
	C'est qui?　　[C'est M. Arthur.] Qu'est-ce qu'il a fait samedi matin?　[Il a joué avec son chien.]

⚎⚎**15** Mediationskarten – J'ai fait de la musique → SB S. 54–55

1. *Schneidet die Kärtchen aus und legt sie verdeckt auf den Tisch.*
2. *Partner **A** zieht eine Karte und liest die Aufgabe Partner **B** vor.*
3. ***B** überträgt die Angaben ins Französische und Partner **A** kontrolliert mithilfe der Lösung in Klammern.*
4. *Wird die Aufgabe richtig gelöst, darf der Spieler die Karte behalten und zieht die nächste Karte.*
5. *Gewonnen hat, wer am Schluss die meisten Karten besitzt.*

Wie fragst du einen Freund, was er am Sonntag gemacht hat? [Qu'est-ce que tu as fait dimanche?]	**Wie fragst du eine Freundin, was sie gestern gemacht hat?** [Qu'est-ce que tu as fait hier?]	**Wie fragst du einen Freund, ob er eure Verabredung vergessen hat?** [(Est-ce que) tu as oublié notre rendez-vous?]	**Wie fragst du eine Freundin, ob sie auf jemanden wartet?** [Tu attends quelqu'un?]
Wie fragst du jemanden, ob der Bus Verspätung hat? [Le bus est en retard?]	**Wie sagst du, dass dein Handy plötzlich geklingelt hat und du geantwortet hast?** [Tout à coup, mon portable a sonné et j'ai répondu.]	**Wie sagst du, dass du deine Schlüssel verloren hast?** [J'ai perdu mes clés.]	**Wie sagst du, dass du 20 Minuten auf den Bus gewartet hast?** [J'ai attendu le bus pendant vingt minutes.]
Wie sagst du, dass du dein Handy im Schwimmbad verloren hast? [J'ai perdu mon portable à la piscine.]	**Wie sagst du, dass du am letzten Wochenende eine Radtour gemacht hast?** [J'ai fait un tour à vélo le week-end dernier.]	**Wie fragst du deine Freunde, ob ihr gemeinsam Waffeln essen wollt?** [On mange des gaufres ensemble?]	**Wie sagst du, dass du gechillt hast?** [J'ai traîné.]
Was sagst du, wenn jemand ein komisches Gesicht gemacht hat? [Il / Elle a fait une drôle de tête.]	**Wie sagst du einem Freund, dass er dich nervt?** [Tu m'énerves.]	**Wie sagst du einem Freund, dass er aber spät kommt?** [Tu es en retard, dis donc!]	**Wie sagst du, dass das eine lange Geschichte ist?** [C'est toute une histoire.]
Wie sagst du, dass du eine Brieftasche mit einer Kreditkarte drin gefunden hast? [J'ai trouvé un portefeuille avec une carte bancaire dedans.]	**Wie sagst du, dass du ein grünes T-Shirt gekauft hast?** [J'ai acheté un t-shirt vert.]	**Wie sagst du, dass du gegen elf Uhr ein Sandwich gegessen hast?** [Vers onze heures, j'ai mangé un sandwich.]	**Wie sagst du, dass du gestern Abend geantwortet hast?** [J'ai répondu hier soir.]

⚇⚇ **1** Dialogkarten – J'ai envie de faire une balade → SB S. 65, Nr. 4

1. *Schneidet die Karten aus und legt sie auf einen Stapel.*
2. *Partner **A** zieht eine Karte. Partner **B** stellt die Frage **Qu'est-ce que tu as envie de faire?***
   *Partner **A** beantwortet die Frage: **J'ai envie de / d' ...***
3. *Danach zieht Partner **B** eine Karte. Partner **A** stellt die Frage und Partner **B** antwortet usw.*

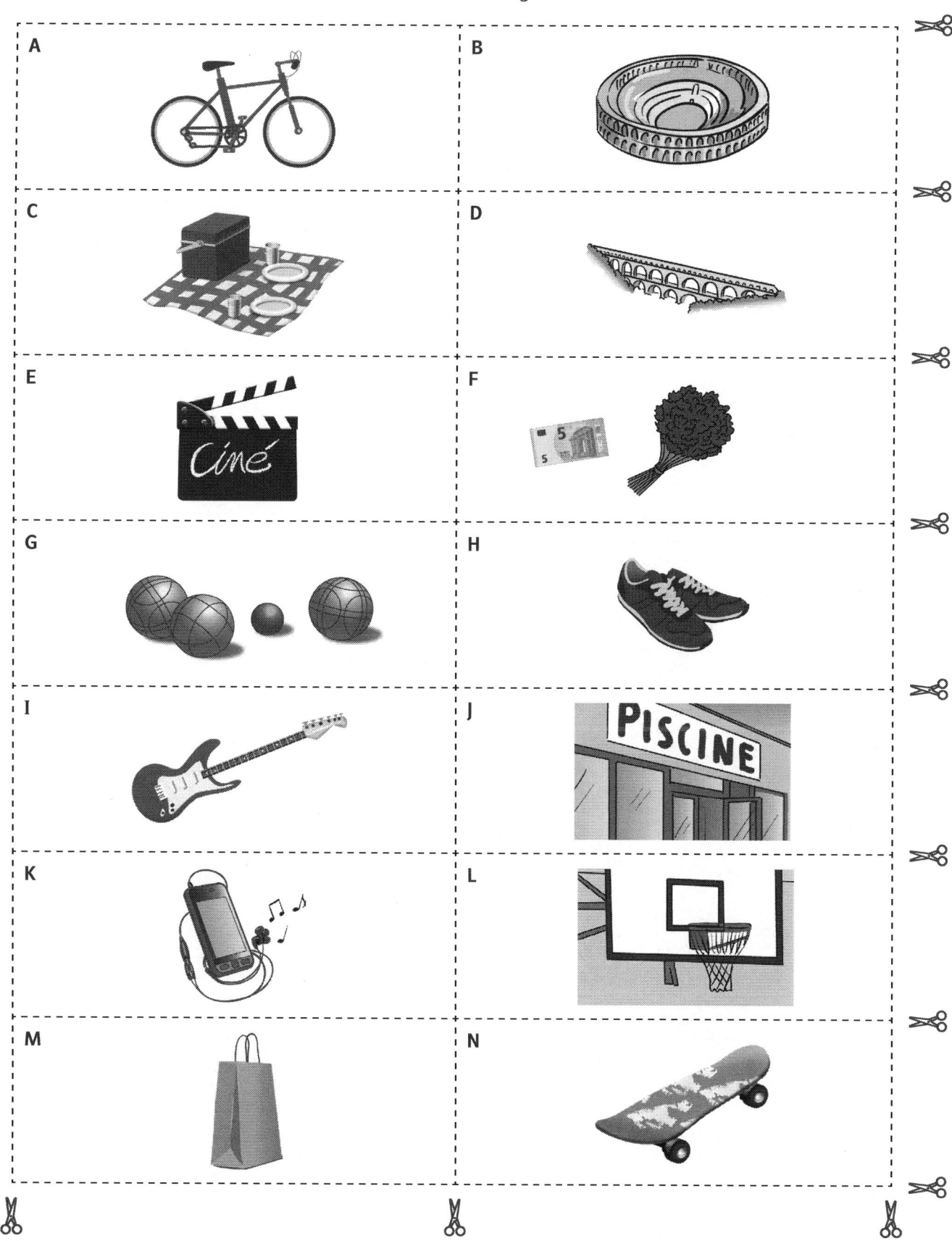

👥 2 Frage-Antwort-Karten – Cet après-midi → SB S. 66, Nr. 1

1. *Schneidet die Karten auseinander und setzt euch gegenüber.*
2. *Führt einen Dialog. **A** beginnt, **B** antwortet und setzt das Gespräch fort.*
3. *Tauscht am Ende die Karten und wiederholt das Gespräch.*

A	B
(1) Qu'est-ce que tu vas faire cet après-midi?	(1) Je …  . Et toi, qu'est-ce que tu vas faire?
(2) Moi, je …  . Qu'est-ce que tu vas faire après le basket?	(2) Je …  . Et toi, qu'est-ce que tu vas faire après la piscine?
(3) Je …  .	

👥 3 Frage-Antwort-Karten – Pendant les vacances → SB S. 66, Nr. 1

1. *Schneidet die Karten auseinander und setzt euch gegenüber.*
2. *Führt einen Dialog. **A** beginnt, **B** antwortet und setzt das Gespräch fort.*
3. *Tauscht am Ende die Karten und wiederholt das Gespräch.*

A	B
(1) Qu'est-ce que tu vas faire pendant les vacances?	(1) Je … à …  avec mes parents.
(2) Et qu'est-ce que vous allez visiter à Paris?	(2) Nous …   . Et toi, qu'est-ce que tu vas faire pendant les vacances?
(3) Je …  avec mes copains.	

⚮⚮ **4** Tandembogen – Elles vont prendre des photos → SB S. 66, Nr. 1e

1. *Faltet den Bogen in der Mitte.*
2. *Partner **A** stellt die erste Frage. Partner **B** antwortet und stellt die nächste Frage usw. Ergänzt dabei die richtige Form von **aller**.*
3. *Kontrolliert euch gegenseitig anhand der Lösungen in Klammern.*
4. *Tauscht die Rollen.*

A	B
Qu'est-ce que vous … manger? [Nous **allons** manger des produits de la région.]	[Qu'est-ce que vous **allez** manger?] Nous … manger des produits de la région.
[Vous **allez** acheter de la lavande?] Non, nous … acheter du miel.	Vous … acheter de la lavande? [Non, nous **allons** acheter du miel.]
Qu'est-ce qu'elles … visiter? [Elles **vont** visiter les arènes d'Arles.]	[Qu'est-ce qu'elles **vont** visiter?] Elles … visiter les arènes d'Arles.
[Ils **vont** faire une balade?] Non, ils … faire un pique-nique.	Ils … faire une balade? [Non, ils **vont** faire un pique-nique.]
Tu … aller à Arles? [Non, je **vais** aller à Avignon.]	[Tu **vas** aller à Arles?] Non, je … aller à Avignon.
[Il **va** jouer au foot?] Non, il … jouer au basket.	Il … jouer au foot? [Non, il **va** jouer au basket.]
Qu'est-ce qu'on … regarder? [On **va** regarder une vidéo d'Avignon.]	[Qu'est-ce qu'on **va** regarder?] On … regarder une vidéo d'Avignon.

☺ 5 Puzzle – Une balade à vélo → SB S. 67–69, Nr. 2

1. *Schneide die Satzstreifen aus und bringe den Text in die richtige Reihenfolge.*
2. *Vergleiche mit einem Partner, ob ihr das richtige Lösungswort habt.*

A midi et demie, ils arrivent au Pont du Gard.	E
Les garçons vont faire une balade à vélo parce qu'il va faire beau.	O
Les grands-parents vont prendre la voiture.	O
Ils sont chez leurs grands-parents avec leur cousin Julien.	R
Les grands-parents ont déjà installé le pique-nique sous le pont.	R
Le lendemain, les garçons prennent leurs VTT, leurs casques et leurs bouteilles d'eau et partent.	S
Mme Roche propose d'aller au Pont du Gard.	P
Pendant les vacances de printemps, Maxime et Antoine sont à Avignon.	P

Lösungswort: _____

☺☺ 6 Domi-mots – Il va faire beau → SB S. 67–69, Nr. 2

1. *Schneidet die Karten auseinander und mischt sie.*
2. *Verteilt die Karten gleichmäßig. Der Spieler mit der **Début-Karte** beginnt.*
3. *Wer den passenden Satz zum Bild hat, legt die Karte an und liest den Satz laut vor.*
   Danach wird das passende Bild an den nächsten Satz gelegt.
4. *Das Spiel ist beendet, wenn die **Fin-Karte** gelegt wurde.*

Début		Ils vont jouer aux cartes.	
J'ai envie de visiter les arènes d'Arles.		Vous allez regarder un DVD?	
Nous allons faire une balade à vélo.		Elle va faire du canoë.	
Elles vont pique-niquer.		Le Pont du Gard est un viaduc.	
Il va faire beau.		On va faire une partie de pétanque?	**Fin**

✍🗨 **7** La bonne carte – On prend le bus → SB S. 70, Nr. 4

1. *Schneidet die Karten aus, mischt sie und legt sie verdeckt auf den Tisch.*
2. *Spielt zu zweit oder zu dritt. Nehmt abwechselnd zwei Karten.*
3. *Lest die Sätze vor und ergänzt die richtige Form von **prendre**.*
4. *Wenn du ein passendes Satz-Bild-Paar findest, kannst du es behalten und auf deinen Stapel legen.*
5. *Wer die meisten Paare findet, gewinnt.*

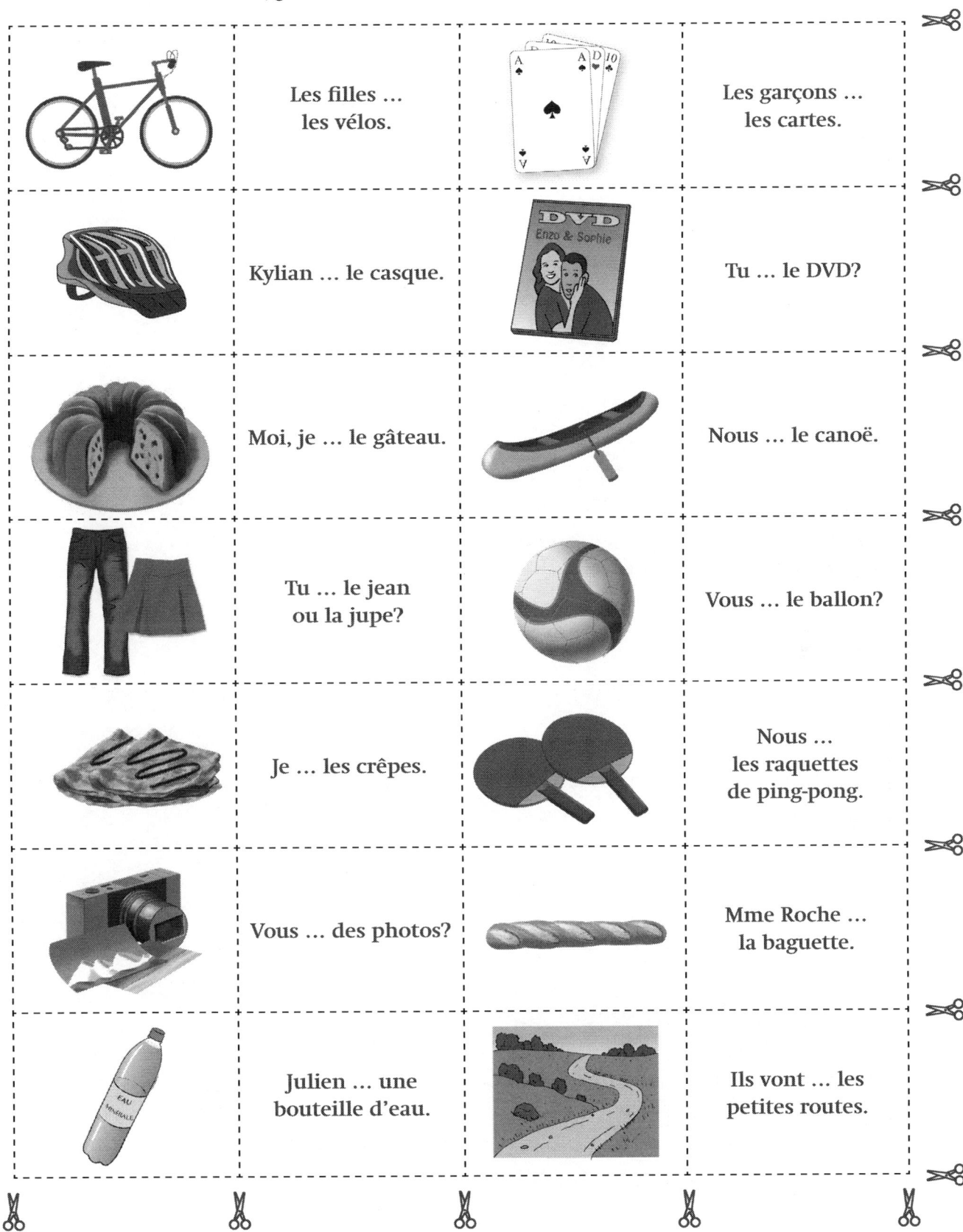

Les filles … les vélos.

Les garçons … les cartes.

Kylian … le casque.

Tu … le DVD?

Moi, je … le gâteau.

Nous … le canoë.

Tu … le jean ou la jupe?

Vous … le ballon?

Je … les crêpes.

Nous … les raquettes de ping-pong.

Vous … des photos?

Mme Roche … la baguette.

Julien … une bouteille d'eau.

Ils vont … les petites routes.

👥👥 8 Tandembogen – Qu'est-ce qu'ils font? → SB S. 70, Nr. 5

1. *Faltet den Bogen in der Mitte.*
2. *Partner **A** stellt Fragen zum Bild. Partner **B** antwortet und stellt die nächsten Fragen usw.*
3. *Kontrolliert euch gegenseitig anhand der Lösungen in Klammern.*
4. *Tauscht die Rollen.*

A	B
Quand est-ce que Maxime et Antoine sont à Avignon? [Ils sont à Avignon pendant les vacances de printemps.] Où est-ce qu'ils passent leurs vacances? [Ils passent les vacances chez leurs grands-parents à Avignon.]	
	Est-ce que les garçons sont devant un supermarché? [Non, ils sont devant une boulangerie.] Pourquoi est-ce que les garçons demandent le chemin? [Parce qu'ils ne sont pas sur le bon chemin.]
Où est-ce que les garçons sont? [Ils sont devant le Pont du Gard.] Quand est-ce qu'ils arrivent au Pont du Gard? [Ils arrivent au Pont du Gard à midi et demie.]	
	Qu'est-ce que les grands-parents ont fait? [Ils ont installé le pique-nique.] Où est-ce qu'ils ont installé le pique-nique? [Ils ont installé le pique-nique sous le Pont du Gard.]

9 Partnerbogen – Il fait quel temps? →SB S. 72, Nr. 8

1. *Partner **A** deckt den B-Teil und Partner **B** den A-Teil ab.*
2. ***A** nennt ein leeres Feld im A-Teil und fragt **Il fait quel temps? B** antwortet anhand des Bildes in dem entsprechenden Feld im B-Teil. **A** zeichnet ein passendes Wettersymbol in das leere Feld im A-Teil.*
3. *Danach nennt **B** ein leeres Feld im B-Teil. **A** antwortet anhand des Bildes in seinem Feld. **B** zeichnet das entsprechende Wettersymbol in das leere Feld im B-Teil usw.*

A

	1	2	3
a			
b		35°	
c			
d			

B

	1	2	3
a			
b			
c			
d			

⚉⚉ **10** Tandembogen – On va faire une sortie   → SB S. 73, Nr. 10

1. *Faltet den Bogen in der Mitte.*
2. *Übertragt abwechselnd die Sätze ins Französische.*
3. *Kontrolliert euch gegenseitig anhand der Lösungen in Klammern.*
4. *Tauscht die Rollen.*

A	B
Du fragst deine Freunde, was ihr am kommenden Wochenende machen wollt.	[Qu'est-ce qu'on va faire le week-end prochain?]
[Est-ce qu'on va faire quelque chose ensemble?]	Du fragst zurück, ob ihr etwas zusammen macht.
Du bejahst und schlägst vor, in den Park zu gehen.	[Oui. Je propose d'aller au parc.]
[C'est nul. Je préfère faire une balade à vélo.]	Du findest das blöd und möchtest lieber eine Fahrradtour machen.
Du fragst, wie das Wetter wird.	[Il va faire quel temps?]
[Il va faire beau.]	Du sagst, dass das Wetter schön wird.
Du sagst, dass du Lust hast, nach der Radtour ein Picknick zu machen.	[J'ai envie de faire un pique-nique après la balade à vélo.]
[C'est une bonne idée. On va partir à quelle heure?]	Du hältst das für eine gute Idee und fragst nach der Abfahrtszeit.
Du schlägst vor, gegen 10 Uhr loszufahren.	[Je propose de partir vers dix heures.]

👥👥**11** Mediationskarten – C'est trop loin → SB S. 73, Nr. 10

1. *Schneidet die Kärtchen aus und legt sie verdeckt auf den Tisch.*
2. *Partner **A** zieht eine Karte und liest die Aufgabe Partner **B** vor.*
3. ***B** überträgt die Angaben ins Französische und Partner **A** kontrolliert mithilfe der Lösung in Klammern.*
4. *Wird die Aufgabe richtig gelöst, darf der Spieler die Karte behalten und zieht die nächste Karte.*
5. *Gewonnen hat, wer am Schluss die meisten Karten besitzt.*

Wie fragst du eine Freundin, was sie am Sonntag machen wird? [Qu'est-ce que tu vas faire dimanche?]	**Wie fragst du einen Freund, was er am kommenden Wochenende machen wird?** [Qu'est-ce que tu vas faire le week-end prochain?]	**Wie fragst du eine Freundin, wie das Wetter wird?** [Il va faire quel temps?]	**Wie fragst du einen Freund, um welche Uhrzeit ihr losfahren werdet?** [On va partir à quelle heure?]
Wie fragst du eine Freundin, ob sie Lust hat, eine Fahrradtour zu machen? [Tu as envie de faire une balade à vélo?]	**Wie schlägst du vor, einen Ausflug zu machen?** [Je propose de faire une balade.]	**Wie sagst du, dass du Lust hast, den Eiffelturm zu besichtigen?** [J'ai envie de visiter la tour Eiffel.]	**Wie sagst du, dass du nicht einverstanden bist?** [Je ne suis pas d'accord.]
Wie sagst du, dass das nicht dein Ding ist? [Ce n'est pas mon truc.]	**Wie sagst du, dass du Lust hast, eine Schiffstour zu machen?** [J'ai envie de faire une balade en bateau.]	**Wie fragst du eine Freundin, ob es nach Avignon weit ist?** [Avignon, c'est loin?]	**Wie sagst du, dass es zu weit ist?** [C'est trop loin.]
Wie sagst du, dass etwas zu teuer ist? [C'est trop cher.]	**Wie sagst du, dass es regnen wird?** [Il va pleuvoir.]	**Wie sagst du, dass das Wetter schön wird?** [Il va faire beau.]	**Wie sagst du, dass etwas zu früh ist?** [C'est trop tôt.]
Wie sagst du, dass etwas zu spät ist? [C'est trop tard.]	**Wie sagst du deinen Freunden, dass sie sich beeilen sollen?** [Dépêchez-vous!]	**Wie sagst du, dass ihr um zehn Uhr losfahren werdet?** [On va partir à dix heures.]	**Wie sagst du, dass du kaputt bist?** [Je suis crevé.]

4

12 Jeu – Fragekarten → SB S. 73, Nr. 10

Für das Spiel braucht ihr einen Würfel, Spielfiguren und diese Spielkarten.
Schneidet die Fragekarten aus und legt sie verdeckt auf den Tisch.
Die Spielanleitung und den Spielplan findet ihr auf S. 16.

1. Il fait quel temps?	2. Est-ce qu'il y a du soleil?	3. Il fait quel temps?
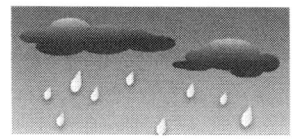	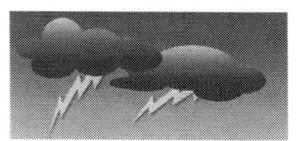	
4. Qu'est-ce que c'est?	5. Où est-ce qu'ils sont?	6. Est-ce qu'elles vont faire une balade à vélo?

7. Qu'est-ce qu'il va faire?	8. Qu'est-ce qu'on va acheter pour le pique-nique?	9. Où est-ce que tu vas aller?
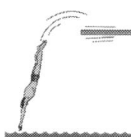		
10. Qu'est-ce que vous allez faire?	11. Qu'est-ce que tu as envie de faire?	12. Qu'est-ce qu'on prend pour le pique-nique?

13. Est-ce que c'est du miel?	14. Qu'est-ce qu'ils font?	15. Le Pont du Gard est un …

Lösungskarte für den Spielführer:

1. Il pleut.	2. Non, il y a un orage.	3. Il neige.	4. C'est un croisement.	5. Ils sont sur un pont.
6. Non, elles vont faire une balade en bateau.	7. Il va plonger dans l'eau.	8. On va acheter une baguette.	9. Je vais aller aux arènes d'Arles.	10. Nous allons faire une partie de pétanque.
11. J'ai envie de faire une balade à vélo.	12. On prend des gâteaux.	13. Non, c'est de la lavande.	14. Ils pédalent comme des fous.	15. Le Pont du Gard est un viaduc.

48

13 Dialogkarten – En vacances → SB S. 74–75

1. *Schneidet die Karten aus und legt sie auf einen Stapel.*
2. *Partner **A** zieht eine Karte und legt sie auf den Tisch. Partner **B** stellt Fragen dazu:*

   Qu'est-ce que tu vas faire?

   Où est-ce que tu vas aller?

   Et quand?

   Pourquoi est-ce que tu vas faire / …?

   *Partner **A** beantwortet die Fragen.*
3. *Danach zieht Partner **B** eine Karte. Partner **A** stellt Fragen und Partner **B** antwortet usw.*

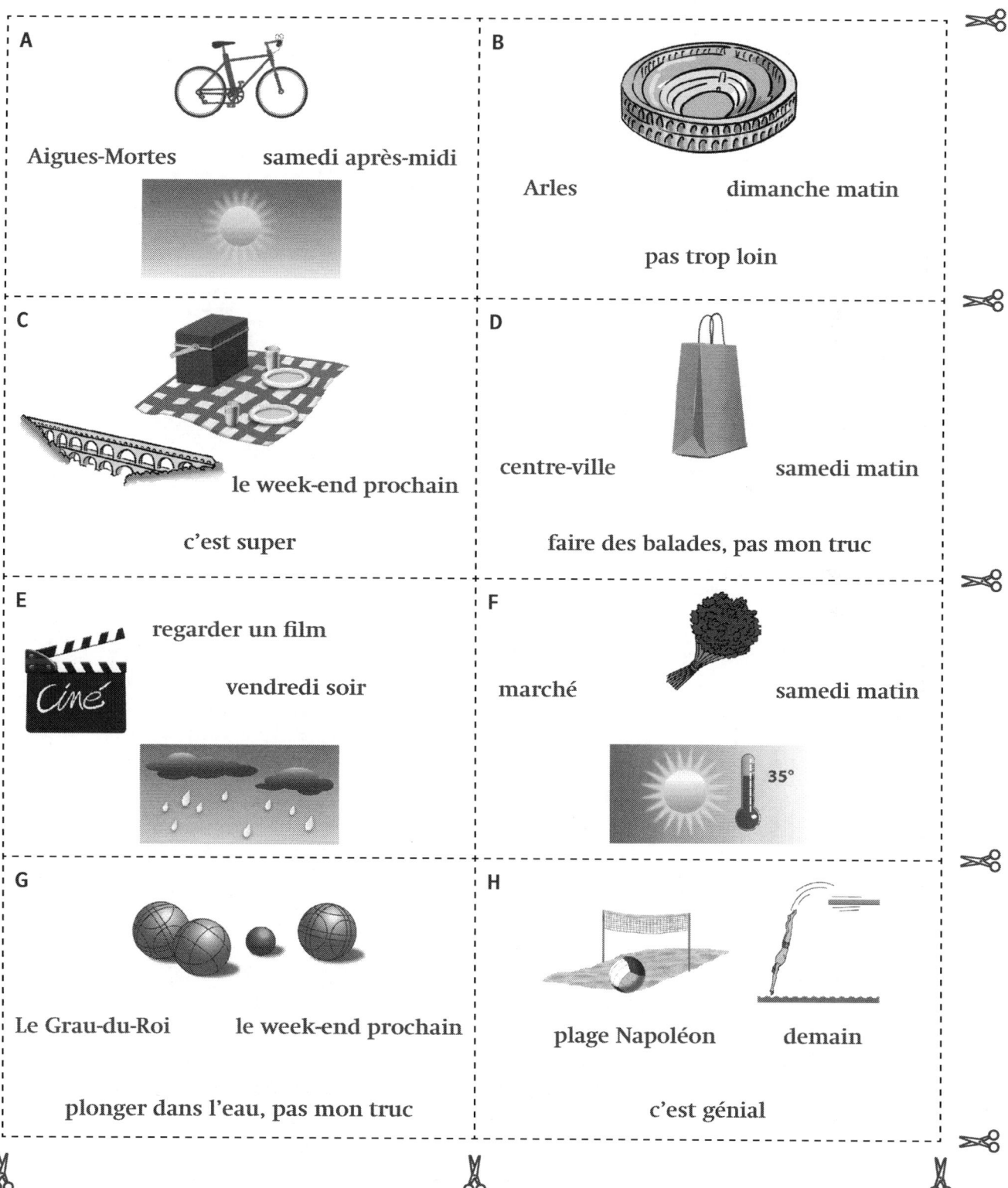

A

Aigues-Mortes　　　samedi après-midi

B

Arles　　　dimanche matin

pas trop loin

C

le week-end prochain

c'est super

D

centre-ville　　　samedi matin

faire des balades, pas mon truc

E　regarder un film

vendredi soir

F　marché　　　samedi matin

35°

G

Le Grau-du-Roi　　le week-end prochain

plonger dans l'eau, pas mon truc

H

plage Napoléon　　　demain

c'est génial

49

⚉⚉ **1** La bonne carte – Le sport → SB S. 82, Nr. 1

1. *Schneidet die Karten aus, mischt sie und legt sie verdeckt auf den Tisch.*
2. *Spielt zu zweit oder zu dritt. Nehmt abwechselnd zwei Karten.*
3. *Wenn du ein passendes Wort-Bild-Paar findest, kannst du es behalten und auf deinen Stapel legen.*
4. *Wer die meisten Paare findet, gewinnt.*

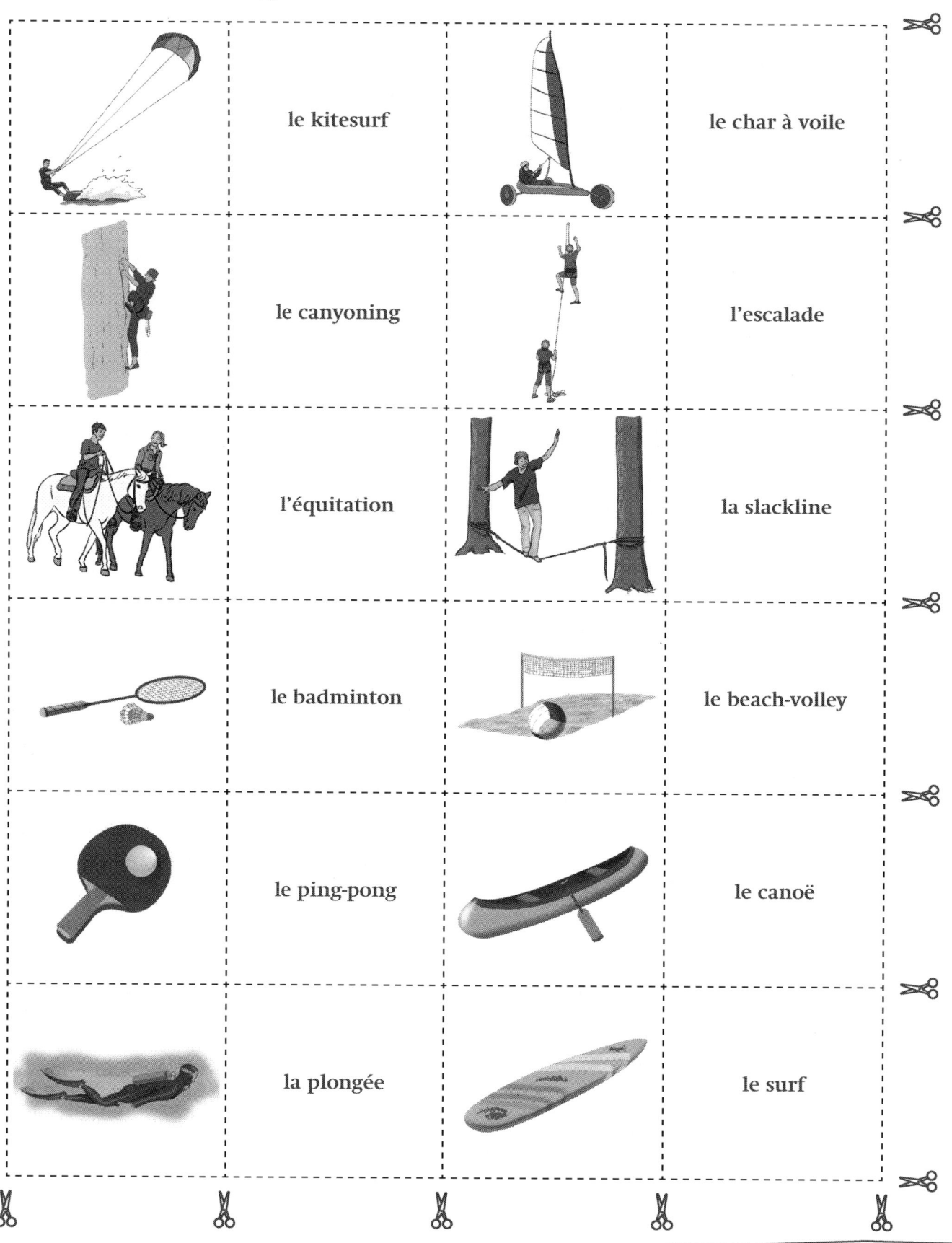

le kitesurf		le char à voile
le canyoning		l'escalade
l'équitation		la slackline
le badminton		le beach-volley
le ping-pong		le canoë
la plongée		le surf

👥💬 2 Dialogkarten – Qu'est-ce qu'on peut faire? → SB S. 84, Nr. 1

1. *Schneidet die Karten aus, und legt sie auf einen Stapel.*
2. *Partner **A** zieht eine Karte und beginnt den Dialog. **B** antwortet und setzt das Gespräch fort.*
3. *Danach beginnt Partner **B** usw.*

Bildet den Dialog nach folgendem Muster:	
(1) Qu'est-ce qu'on peut faire à / en / dans les / sur la …?	(1) On peut faire du / de la / de l' …
(2) Je veux faire du / de la / de l' … Et toi? Qu'est-ce que tu veux faire?	(2) Je veux faire du / de la / de l' …

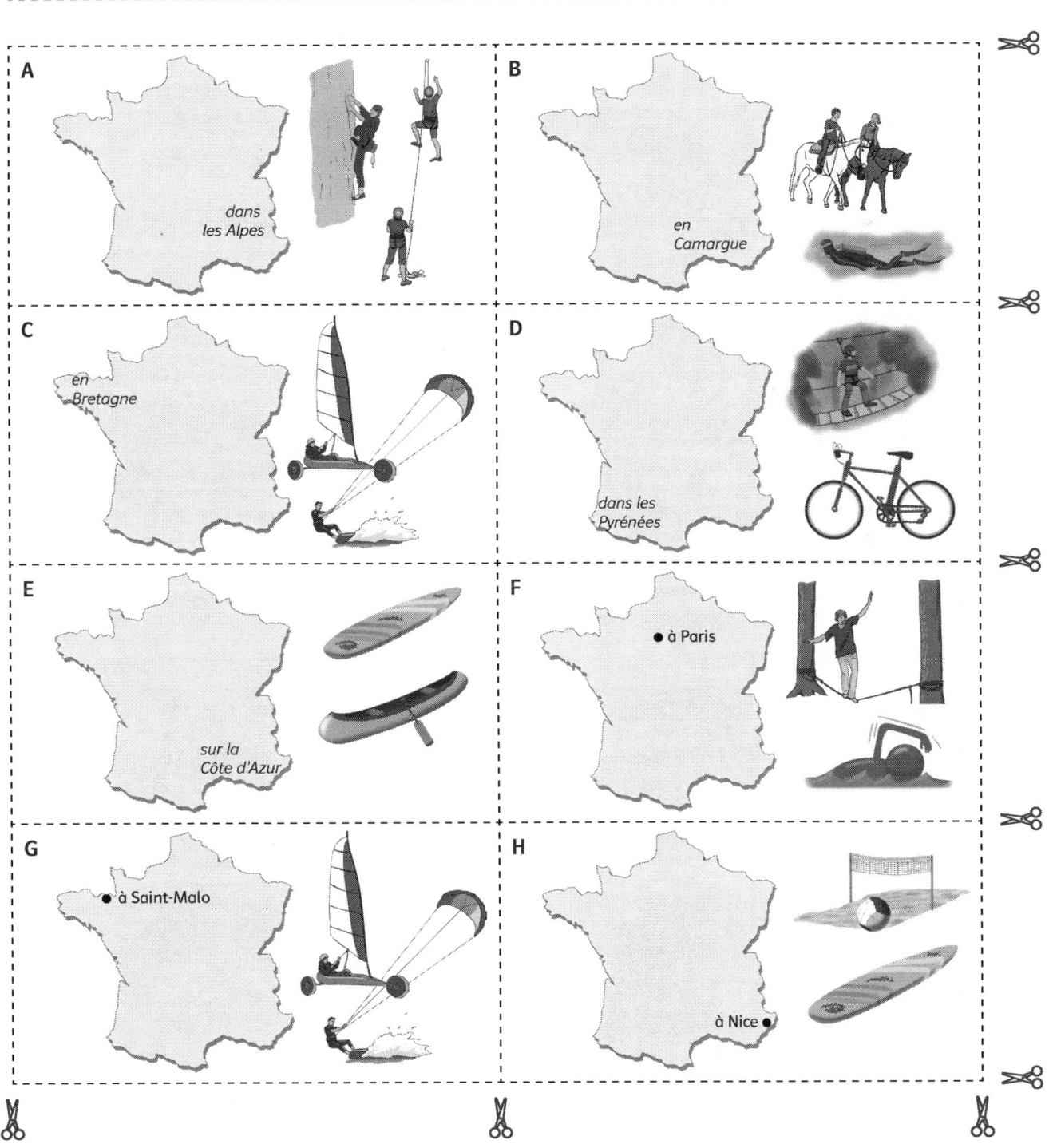

A — *dans les Alpes*

B — *en Camargue*

C — *en Bretagne*

D — *dans les Pyrénées*

E — *sur la Côte d'Azur*

F — *● à Paris*

G — *● à Saint-Malo*

H — *à Nice ●*

⚑⚑ **3** Frage-Antwort-Karten – Je veux faire → SB S. 84, Nr. 1c, 1d

1. *Ergänzt zunächst die Verbübersicht.*
2. *Schneidet dann die Karten darunter auseinander und setzt euch gegenüber.*
3. *Übertragt abwechselnd die Sätze ins Französische.*
4. *Tauscht am Ende die Karten und wiederholt das Gespräch.*

	vouloir	pouvoir
je		
tu		
il / elle / on		

A	**B**
(1) Du begrüßt deinen Freund / deine Freundin und fragst, wie es ihm / ihr geht.	(1) [Salut! Ça va?]
(2) [Salut! Ça va bien.]	(2) Du erwiderst die Begrüßung und antwortest, dass es dir gut geht.
(3) Du fragst deinen Freund / deine Freundin, ob er / sie mit dir reiten möchte.	(3) [Tu veux faire de l'équitation avec moi?]
(4) [Non, je n'ai pas envie. Tu veux faire de la slackline avec moi?]	(4) Du erklärst, dass du keine Lust hast und fragst, ob er / sie mit dir slacken will.
(5) Du bejahst die Frage, das möchtest du gerne machen.	(5) [Oui, je veux bien.]
(6) [D'accord! Salut!]	(6) Du bist einverstanden und verabschiedest dich.

⚏⚏ **4** Tandembogen – Au centre équestre? → SB S. 85, Nr. 2

1. *Faltet den Bogen in der Mitte.*
2. *Übertragt abwechselnd die Sätze ins Französische.*
3. *Kontrolliert euch gegenseitig anhand der Lösungen in Klammern.*
4. *Tauscht die Rollen.*

A	B
Du begrüßt deinen Freund / deine Freundin und fragst, was es bei ihm / ihr Neues gibt.	[Salut! Quoi de neuf chez toi?]
[Salut. Rien de spécial. Et toi? Ça va?]	Du grüßt zurück und sagst, dass es nichts Besonderes gibt. Du fragst ihn / sie, wie es ihm / ihr geht.
Du sagst, dass du im Augenblick niedergeschlagen bist.	[J'ai le moral à zéro en ce moment.]
[Pourquoi tu as le moral à zéro?]	Du fragst, warum er / sie niedergeschlagen ist.
Du antwortest, dass es in der Schule und zu Hause Stress gibt.	[Il y a du stress au collège et à la maison.]
[Qu'est-ce que tu fais ce week-end?]	Du fragst, was er / sie am Wochenende macht.
Du sagst, dass du nichts Besonderes machst.	[Rien de spécial.]
[Tu as envie de venir au centre équestre avec moi? Ma mère organise une journée porte ouverte samedi.]	Du fragst, ob er / sie Lust hat, mit dir auf den Reiterhof zu kommen. Deine Mutter organisiert am Samstag einen Tag der offenen Tür.
Du sagst, dass es cool ist und fragst, ob du mit einem Freund kommen kannst.	[Cool. Est-ce que je peux venir avec un copain?]
[Oui! Vous pouvez rester jusqu'à dimanche si vous avez une tente.]	Du bejahst die Frage und schlägst vor, dass sie auch bis Sonntag bleiben können, falls sie ein Zelt haben.

5 Puzzle – Journée «Portes ouvertes» → SB S. 86, Nr. A–D

1. *Schneide die Satzstreifen aus und bringe den Text in die richtige Reihenfolge.*
2. *Vergleiche mit einem Partner, ob ihr das richtige Lösungswort habt.*

On vend les gâteaux et les boissons au profit de la SPA.	O
Ils visitent les box et caressent les chevaux.	T
Le soir, tout le monde est crevé.	E
Dans la cour, tout le monde est en action.	O
Mais il y a encore du travail: ranger le buffet.	R
Les enfants font des tours de poney.	I
Samedi, il y a la journée «Portes ouvertes» au centre équestre.	V
Pour terminer la journée, tout le monde mange une pizza.	S
Il y a un buffet avec des boissons et des pizzas.	L
L'après-midi, il y a beaucoup de visiteurs au centre équestre.	N

Lösungswort: _____

6 Domi-mots – Au centre équestre → SB S. 88, Nr. 3a

1. *Schneidet die Karten auseinander und mischt sie.*
2. *Verteilt die Karten gleichmäßig. Der Spieler mit der **Début-Karte** beginnt.*
3. *Wer die passenden Satzteile hat, legt die Karte an und liest den Satz laut vor.*
4. *Das Spiel ist beendet, wenn die **Fin-Karte** gelegt wurde.*

Début	Julie et Malika	arrivent vers 11 heures au centre équestre.	Sami et le moniteur
apportent une table.	Maryline, la mère de Sami et Célia,	arrive avec les boissons.	Sami
fait les présentations.	Célia	explique le travail de la SPA.	Malika et Julie
vendent des boissons et des gâteaux aux visiteurs.	Sami, Malika et Julie	rangent le buffet.	Maryline et Tao
s'occupent des chevaux.	Tao	propose une balade à cheval pour dimanche.	**Fin**

👥 7 Images – C'est quelle photo? → SB S. 88, Nr. 3

1. *Setzt euch gegenüber und schneidet die Bilder aus.*
2. *Legt die Bilder auf den Tisch.*
3. *Partner **A** sucht gedanklich ein Bild aus, beschreibt es so genau wie möglich und sagt, was die Personen machen. Partner **B** muss am Ende der Beschreibung herausfinden, welches Foto **A** beschrieben hat.*
4. *Tauscht anschließend die Rollen und beschreibt das nächste Bild usw.*

Tipp:
Beginne deine Beschreibung mit *Sur la photo, il y a / on voit / on peut voir …*
A gauche / A droite / Dans le fond / au milieu / devant …
Il / Elle / Ils / Elles …

8 Mediationskarten – Tu peux m'aider? → SB S. 89, Nr. 5

1. *Schneidet die Kärtchen aus und legt sie verdeckt auf den Tisch.*
2. *Partner **A** zieht eine Karte und liest die Aufgabe Partner **B** vor.*
3. ***B** überträgt die Angaben ins Französische und Partner **A** kontrolliert mithilfe der Lösung in Klammern.*
4. *Wird die Aufgabe richtig gelöst, darf der Spieler die Karte behalten und zieht die nächste Karte.*
5. *Gewonnen hat, wer am Schluss die meisten Karten besitzt.*

Wie fragst du einen Freund, ob er dir helfen kann? [Tu peux m'aider?]	**Wie fragst du eine Freundin, ob du helfen kannst?** [Je peux t'aider?]	**Wie fragst du höflich, wenn du jemandem helfen möchtest?** [Je peux vous aider?]	**Wie fragt man höflich, wenn man jemandem helfen möchte?** [On peut vous aider.]
Wie sagst du, dass du es gerne machst? [Oui. Volontiers.]	**Wie sagst du: Ja, wenn du willst?** [Oui, si tu veux.]	**Wie sagst du einer Freundin, dass du die Tasche nehmen kannst, wenn sie es möchte?** [Je peux prendre le sac si tu veux.]	**Wie bedankst du dich und sagst, dass es nett ist?** [Merci, c'est gentil.]

9 Frage-Antwort-Karten – Oui. Volontiers. → SB S. 89, Nr. 5

1. *Schneidet die Karten auseinander und setzt euch gegenüber.*
2. *Führt einen Dialog auf Französisch. **A** beginnt, **B** antwortet und setzt das Gespräch fort.*
3. *Tauscht am Ende die Karten und wiederholt das Gespräch.*

A	B
(1) Du fragst deinen Freund / deine Freundin, ob er / sie dir helfen kann?	(1) [Tu peux m'aider?]
(2) [Oui. Volontiers.]	(2) Du bejahst die Frage und sagst, dass du gern hilfst.
(3) Du fragst, ob er / sie die Tasche nehmen kann, wenn er / sie will.	(3) [Tu peux prendre le sac, si tu veux?]
(4) [Merci, c'est gentil.]	(4) Du bedankst dich und sagst, dass es nett ist.

☺☺10 Partnerbogen – On fait plein de choses → SB S. 90, Nr. 6, 7

1. *Partner **A** deckt den B-Teil und Partner **B** den A-Teil ab.*
2. ***A** nennt ein auszufüllendes Feld im A-Teil. **B** liest den Satz, der sich in dem Feld im B-Teil befindet, vor. **A** ergänzt das fehlende Verb im A-Teil.*
3. *Danach nennt **B** ein Feld im B-Teil. **A** liest den Satz in seinem Feld vor. **B** ergänzt das Verb im B-Teil usw.*
4. *Deckt die Teile auf und korrigiert eure Sätze.*

A

	1	2	3
a	Samedi à 6 heures, je **veux** faire une fête.	On _____ aller au cinéma?	Le week-end, qu'est-ce que vous **voulez** faire?
b	Tu _____ venir?	Si tu **veux**.	Les copains _____ faire du char à voile.
c	Je **peux** apporter quelque chose à boire?	Hugo _____ peut-être venir aussi.	Mais, ils ne **peuvent** pas parce qu'il n'y a pas de vent.
d	Un jus de pomme, si tu _____.	On **peut** demander aussi à Léa.	Et les filles _____ faire de l'équitation.

B

	1	2	3
a	Samedi à 6 heures, je _____ faire une fête.	On **peut** aller au cinéma?	Le week-end, qu'est-ce que vous _____ faire?
b	Tu **veux** venir?	Si tu _____.	Les copains **veulent** faire du char à voile.
c	Je _____ apporter quelque chose à boire?	Hugo **veut** peut-être venir aussi.	Mais, ils ne _____ pas parce qu'il n'y a pas de vent.
d	Un jus de pomme, si tu **peux**.	On _____ demander aussi à Léa.	Et les filles **veulent** faire de l'équitation.

⚏⚏11 Tandembogen – Et avec ça? → SB S. 91, Nr. 8

1. *Faltet den Bogen in der Mitte.*
2. *Übertragt abwechselnd die Sätze ins Französische.*
3. *Kontrolliert euch gegenseitig anhand der Lösungen in Klammern.*
4. *Tauscht die Rollen.*

client / cliente	vendeur / vendeuse
Du begrüßt den Verkäufer / die Verkäuferin und sagst, dass du gerne ein Stück Pizza und ein Stück Kuchen haben möchtest.	[Bonjour, je voudrais un morceau de pizza et un morceau de gâteau, s'il vous plaît.]
[Et avec ça?]	Du fragst, ob es noch etwas sein darf?
Du antwortest, dass du gerne auch einen Wurstteller hättest.	[Je voudrais aussi une assiette de charcuterie, s'il vous plaît.]
[Ce sera tout?]	Du fragst, ob das alles sei.
Du sagst, dass du noch zwei Getränke haben möchtest: einen Apfel- und einen Orangensaft.	[Je voudrais encore deux boissons: un jus de pomme et un jus d'orange, s'il vous plaît.]
[Vous voulez une serviette?]	Du fragst, ob er / sie eine Serviette haben will.
Du bejahst und möchtest wissen, wie viel es kostet.	[Oui. Ça fait combien?]
[Ça fait neuf euros cinquante.]	Du sagst, dass es 9,50 Euro kostet.
Du überreichst das Geld und verabschiedest dich.	[Voilà. Au revoir.]
[Merci beaucoup. Au revoir. Bonne journée.]	Du bedankst dich, verabschiedest dich und wünschst einen schönen Tag.

12 Jeu – Fragekarten → SB S. 91, Nr. 9

Für das Spiel braucht ihr einen Würfel, Spielfiguren und diese Spielkarten.
Schneidet die Fragekarten aus und legt sie verdeckt auf den Tisch.
Die Spielanleitung und den Spielplan findet ihr auf S. 16.

1. En Bretagne, on peut faire … 	2. Dans les Alpes, on fait … 	3. Complète: je veux, tu …, il / elle / on …, nous …, vous …, ils / elles …
4. Cherche le pluriel: un cheval – des … un box – des … un morceau – des …	5. Complète la phrase: Les filles veulent … … … 	6. Qui est-ce? 
7. Au buffet, il y a … 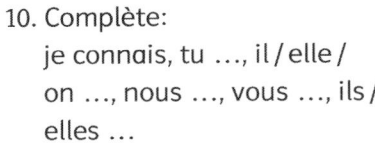	8. Samedi matin, le … …	9. Décode les mots: ehcuag à ed ueilim ua dnof el snad
10. Complète: je connais, tu …, il / elle / on …, nous …, vous …, ils / elles …	11. Cherche l'intrus: une serviette, un verre, une balade, une assiette	12. Complète: sur, sous, devant, … 
13. La fille, qu'est-ce qu'elle fait?	14. Complète: un moniteur – une … un visiteur – une … un vétérinaire – une …	15. En français: Sie können an der Kasse zahlen.

Lösungskarte für den Spielführer:

1. En Bretagne, on peut faire du char à voile et du kitesurf.	2. Dans les Alpes, on fait du canyoning et de l'escalade.	3. je veux, tu veux, il / elle / on veut, nous voulons, vous voulez, ils / elles veulent
4. un cheval – des chevaux un box – des box un morceau – des morceaux	5. Les filles veulent monter une tente.	6. C'est le / la vétérinaire.
7. Au buffet, il y a des gâteaux, des pizzas et des boissons.	8. Samedi matin, le soleil brille.	9. à gauche au milieu de dans le fond
10. je connais, tu connais, il / elle / on connaît, nous connaissons, vous connaissez, ils / elles connaissent	11. une balade	12. derrière
13. Elle caresse le cheval.	14. un moniteur – une monitrice un visiteur – une visiteuse un vétérinaire – une vétérinaire	15. Vous pouvez payer à la caisse.

⚲⚲13 Partnerbogen – Notre journée «Portes ouvertes» → SB S. 92

1. *Trennt die Karten **A** und **B** und setzt euch gegenüber.*
2. *Stellt euren Tag der offenen Tür vor. **A** beginnt und stellt Partner **B** seinen Tag der offenen Tür vor.*
   ***B** trägt die Angaben auf der rechten Seite seiner Karte ein. Danach stellt **B** seinen Tag der offenen Tür Partner **A** vor. Nun trägt **A** die entsprechenden Informationen bei sich auf der rechten Karte ein.*
3. *Vergleicht am Ende eure Karten und überprüft, ob die eingetragenen Informationen korrekt sind.*

A

Le cours d'anglais vous invite à une journée «Portes ouvertes»

C'est quand?
Vendredi 15 mai, à 11 heures

C'est où?
Salle 84

Au programme, on propose:
Buffet avec des gaufres, des gâteaux
Boissons: de la menthe à l'eau, du jus d'orange
Musique anglaise
Sketch anglais
Jeu de rugby dans la cour

Le cours de _____ vous invite
à une journée « _____ »

C'est quand?
....

C'est où?
....

Au programme, on propose:
Buffet: ....
Boissons: ....
Programme: ....
....

✂

B

Le cours de musique vous invite à une journée «Portes ouvertes»

C'est quand?
Mercredi 4 juin, à 15 heures

C'est où?
A la cantine

Au programme, on propose:
Buffet avec des crêpes, des assiettes de fromage
Boissons: du jus de pomme, du jus d'orange
Musique française
un groupe de hip-hop

Le cours d' _____ vous invite
à une journée « _____ »

C'est quand?
....

C'est où?
....

Au programme, on propose:
Buffet: ....
Boissons: ....
Programme: ....
....

Name: **Klasse:**   **Mon Agenda**

Lektion	Übungstitel	Wann bearbeitet?	Wie gut hat die Übung geklappt?		
Lektion	Übungstitel	Wann bearbeitet?			

Au retour des vacances

2 Frage-Antwort-Karten – Tu es allé(e) où en vacances?
1. Je suis allé à …, en / au / aux …
2. Je suis restée chez moi / à … – Je suis allé à la mer, à la plage et à la montagne.
3. J'ai fait du shopping et du vélo.

3 Frage-Antwort-Karten – Qu'est-ce que tu as fait pendant les vacances?
1. J'ai fait de la plongée, du vélo et du canoë.
2. J'ai fait du camping, du beach-volley et du shopping. – J'ai visité un musée.
3. J'ai visité une cathédrale.

5 Dialogkarten – Qu'est-ce que tu as fait pendant les vacances?
Lösungsvorschläge:
A: Je suis allé,e sur la Côte d'Azur en France.
J'ai fait de la natation et de la plongée.
B: Je suis allé,e à Biarritz en France.
J'ai fait du camping et du surf.
C: Je suis allé,e en Ardèche en France.
J'ai fait du vélo et du canoë.
D: Je suis allé,e à Barcelone en Espagne.
J'ai visité la cathédrale et j'ai fait des photos.
E: Je suis allé,e à Berlin en Allemagne.
J'ai visité une église et je suis allé,e à la piscine / j'ai fait de la natation.
F: Je suis allé,e à Rome en Italie.
J'ai visité un musée et j'ai fait du shopping.
G: Je suis allé,e à Amsterdam aux Pays-Bas.
J'ai fait du shopping et du vélo.
H: Je suis allé,e à la montagne.
J'ai fait un pique-nique et j'ai fait de l'accrobranche.
I: Je suis allé,e à la mer / à la plage.
J'ai fait du surf et de la natation.
J: Je suis allé,e chez mes grands-parents.
Je suis allé,e au cinéma et j'ai fait du badminton.
K: Je suis resté,e chez moi / à la maison.
J'ai fait de la danse et du shopping.
L: Je suis resté,e chez moi / à la maison.
J'ai fait du foot et de la musique.

Leçon 1

4 Puzzle – Un paquet pour madame Laval
Maxime: Maman, il y a un problème.
Antoine: On a regardé dans le paquet.
Camille: Les vêtements sont moches.
Mme Legrand: Mais ce n'est pas notre paquet. C'est le paquet de madame Laval.
Antoine: Alors, qu'est-ce qu'on fait maintenant?
Maxime: On apporte le paquet chez madame Laval et on s'excuse.
Lösungswort: LE PAQUET

6 Dialogkarten – Qu'est-ce que tu mets dans ton sac?
Qu'est-ce que tu mets dans ton sac? – Dans mon sac, je mets …
A: … un manteau, un pull, un foulard.
B: … un maillot de bain, une jupe, une casquette.
C: … un pantalon, une chemise, des chaussures.
D: … un jean, un t-shirt, des baskets.
E: … une robe, un manteau, des chaussures.
F: … des chaussettes, des chaussures, une casquette.
G: … un sweat-shirt, un pantalon, une casquette.
H: … un pull, un blouson, un pantalon.
I: … une chemise, une robe, un manteau.
J: … une jupe, un t-shirt, des chaussures.
K: … des gants, un bonnet, un manteau.
L: … un foulard, des bottes, un parapluie.
M: … un maillot de bain, des sandales, un short.
N: … un t-shirt, un short, un débardeur.

8 Images – C'est quelle photo?
Lösungsvorschläge:
A: Sur la photo, il y a Maxime et Julie. A gauche, c'est Maxime et à droite, c'est Julie. Maxime porte un sweat-shirt, Julie porte une chemise. Ils font du shopping et regardent des pantalons.
B: Sur la photo, il y a Maxime, Antoine, Camille et Mme Legrand. Ils sont dans la cuisine. A gauche, c'est Maxime et à droite, c'est Mme Legrand. Maxime porte un pull. Antoine porte un sweat-shirt et un jean. Camille porte une chemise et un jean. Mme Legrand porte un t-shirt et un pantalon. Sur la table, il y a un paquet.
C: Sur la photo, il y a Antoine, Maxime et Camille. Ils sont dans la cuisine. A gauche, c'est Antoine et à droite, c'est Camille. Maxime porte un sweat-shirt. Antoine porte un sweat-shirt et un jean. Camille porte une chemise et un jean. Ils regardent dans le paquet.
D: Sur la photo, il y a Antoine. Il porte un sweat-shirt, un blouson, un pantalon et des chaussettes. Mais le blouson est trop grand et le pantalon est trop petit.
E: Sur la photo, il y a Maxime, Amir, Malika et Julie. A gauche, c'est Maxime et à droite, c'est Julie. Maxime porte un pull, un jean et des baskets. Amir porte un blouson, un jean et des baskets. Malika porte un t-shirt, un blouson, un jean et des baskets. Julie porte un blouson, un jean et des chaussures. Ils sont dans la rue.
F: Sur la photo, il y a Julie et Maxime. A gauche, c'est Julie et à droite, c'est Maxime. Julie porte une chemise et Maxime porte un sweat-shirt. Ils regardent un manteau.

10 Frage-Antwort-Karten – Le look pour le collège
1. Je mets un pantalon / jean, un t-shirt, un sweat-shirt et des baskets.
2. Est-ce que je mets une jupe ou un pantalon / jean? – Une jupe, ce n'est pas génial. Je préfère le pantalon / jean.
3. O.K. Je mets une chemise avec un pantalon / jean. – Oui, ça va bien avec ton pantalon / jean.

11 Frage-Antwort-Karten – Le look super pour la fête
1. Mets un t-shirt et une jupe.
2. Ah non, je n'aime pas les jupes. Je préfère le t-shirt avec mon pantalon / jean. – Je mets une chemise, un pantalon / jean et un blouson.

Leçon 2

2 Satzkarten – Malika montre le CDI à Alex
B: La documentaliste montre les ordinateurs aux élèves.
C: Alex donne une photo à Mme Colin.
D: Malika présente Alex à Julie.
E: Les filles présentent des copines aux garçons.
F: Emma montre la cantine à Alex.
G: Maxime donne la BD aux copains.
H: Farid présente Alex à son copain.

4 Images – C'est quelle photo?
Lösungsvorschläge:
A: Sur la photo, il y a Julie et Malika. Elles sont dans la cour du collège Honoré de Balzac. Elles ont des sacs à dos. Julie montre sa présentation à Malika.
B: Sur la photo, il y a Alex. Il regarde son emploi du temps.
C: A gauche, c'est Malika et à droite, c'est Alex. Malika montre le chemin à Alex.
D: A droite, il y a Julie et à gauche, il y a Malika. Elles sont devant la cantine.
E: A gauche, il y a Julie et à droite, c'est Alex. Julie fait la bise à Alex.
F: A gauche, il y a Malika et Julie. A droite, il y a Alex. Ils discutent.
G: Sur la photo, il y a Malika avec son ordinateur. Elle tape sur son ordinateur.
H: Sur la photo, c'est Alex. Il tape sur son ordinateur.

5 Tandembogen – On chatte?
Chatwörter:
1. Qu'est-ce que …?; 2. Salut!; 3. Je suis …; 4. Demain; 5. Rien; 6. A plus!

6 Jeu – Je révise

A1: Je suis en 5eB au collège Honoré de Balzac.
A2: J'apprends le français.
A3: Je n'ai pas le temps.
A4: Je mange à la maison.
B1: Tu fais du foot avec moi?
B2: Tu manges avec nous?
B3: Tu viens d'où?
B4: Tu vas à la cantine avec moi?
C1: Il / Elle / On apprend l'allemand.
C2: Il / Elle / On commence à huit heures.
C3: Il / Elle / On est en 5eA au collège Honoré de Balzac.
C4: Il / Elle / On vient de Belgique.
D1: Nous venons d'Allemagne.
D2: Nous sommes en 5eC au collège Honoré de Balzac.
D3: Nous avons des devoirs de maths.
D4: Nous cherchons la salle quatre-vingt-dix.
E1: Vous allez au CDI à midi?
E2: Vous avez des devoirs de français?
E3: Vous allumez les ordinateurs pour chatter?
E4: Vous apprenez l'anglais au collège?
F1: Ils / Elles commencent à huit heures trente.
F2: Ils / Elles mangent ensemble à la cantine?
F3: Ils / Elles font du ping-pong.
F4: Ils / Elles retrouvent le nouveau devant la cantine.

8 Partnerbogen – Mon ordinateur

A: 1a: l'écran; 3a: le portable; 2d: la clé USB
B: 1b: la souris; 3b: l'ordinateur; 1d: la tablette tactile; 3d: le clavier

Leçon 3

2 Dialogkarten – Qu'est-ce que tu as fait ce week-end?
Lösungsvorschläge:

A: J'ai fait du shopping.
B: J'ai fait du skate.
C: J'ai mangé des spaghettis et une crêpe.
D: J'ai fait du roller.
E: J'ai chatté.
F: J'ai fait du foot.
G: J'ai regardé un match au stade.
H: J'ai acheté un jean / pantalon.
I: J'ai fait de la guitare.
J: J'ai regardé la télé.
K: J'ai écouté de la musique.
L: J'ai mangé / fait un gâteau.

4 Puzzle – Un paquet pour madame Laval

Malika arrive au cinéma à 16h45. Julie est déjà là. Mais où est Maxime?
Maxime n'est pas là et il ne répond pas au téléphone. Il a peut-être oublié le rendez-vous? Alors les filles entrent dans le cinéma.
Dans la salle de cinéma, les filles ont trouvé trois places et elles mangent du popcorn.
Maxime arrive et raconte son histoire.
Il a trouvé un portefeuille avec 200 euros dedans, dans la rue, devant son immeuble.
Maxime a montré le portefeuille à Antoine et ils ont regardé dedans.
Ils ont trouvé les papiers de madame Laval.
Ils ont fait un paquet-cadeau pour madame Laval avec le portefeuille dedans.
Lösungswort: UNE HISTOIRE

8 Puzzle – Vous avez rencontré des copains?

Nous avons Elles ont Vous avez Ils ont Tu as	mangé des crêpes. regardé un film / des DVD. acheté des crêpes / un film / des DVD. trouvé un film / des DVD / une carte bancaire. rencontré des copains? fait des crêpes / du shopping?

10 Frage-Antwort-Karten – Maintenant et hier
Lösungsvorschläge:

1. Je joue au ping-pong. / Je fais du ping-pong.
2. Moi, je fais du shopping. – Hier j'ai écouté de la musique.
3. Hier, j'ai regardé la télé.

11 Frage-Antwort-Karten – Hier et maintenant
Lösungsvorschläge:

1. Hier, j'ai joué de la guitare. / J'ai fait de la musique.
2. Moi, j'ai chatté avec un copain. – Maintenant, je mange / fais un gâteau.
3. Je fais les courses / du shopping.

Leçon 4

1 Dialogkarten – J'ai envie de faire une balade
Lösungsvorschläge:

A: J'ai envie de faire un tour à vélo.
B: J'ai envie de visiter les arènes d'Arles.
C: J'ai envie de faire un pique-nique.
D: J'ai envie de visiter le Pont du Gard.
E: J'ai envie d'aller au cinéma.
F: J'ai envie d'acheter de la lavande.
G: J'ai envie de faire une partie de pétanque / de jouer à la pétanque.
H: J'ai envie de faire du sport.
I: J'ai envie de jouer / faire de la guitare.
J: J'ai envie d'aller à la piscine.
K: J'ai envie d'écouter de la musique.
L: J'ai envie de jouer au basket.
M: J'ai envie de faire du shopping.
N: J'ai envie de faire du skate.

2 Frage-Antwort-Karten – Cet après-midi
Lösungsvorschläge:

1. Je vais jouer au basket.
2. Moi, je vais aller à la piscine. – Je vais manger des spaghettis.
3. Je vais manger une crêpe.

3 Frage-Antwort-Karten – Pendant les vacances
Lösungsvorschläge:

1. Je vais aller à Paris avec mes parents.
2. Nous allons visiter le Sacré-Cœur, l'Arc de triomphe, Notre-Dame et le Louvre.
3. Je vais faire une balade à vélo / du vélo avec mes copains.

5 Puzzle – Une balade à vélo

Pendant les vacances de printemps, Maxime et Antoine sont à Avignon.
Ils sont chez leurs grands-parents avec leur cousin Julien.
Les garçons vont faire une balade à vélo parce qu'il va faire beau.
Mme Roche propose d'aller au Pont du Gard.
Les grands-parents vont prendre la voiture.
Le lendemain, les garçons prennent leurs VTT, leurs casques et leurs bouteilles d'eau et partent.
A midi et demie, ils arrivent au Pont du Gard.
Les grands-parents ont déjà installé le pique-nique sous le pont.
Lösungswort: PROPOSER

7 La bonne carte – On prend le bus

Les filles **prennent** les vélos.
Les garçons **prennent** les cartes.
Kylian **prend** le casque.
Tu **prends** le DVD?
Moi, je **prends** le gâteau.
Nous **prenons** le canoë.
Tu **prends** le jean ou la jupe?
Vous **prenez** le ballon?
Je **prends** les crêpes.
Nous **prenons** les raquettes de ping-pong.
Vous **prenez** des photos?
Mme Roche **prend** la baguette.
Julien **prend** une bouteille d'eau.
Ils vont **prendre** les petites routes.

9 Partnerbogen – Il fait quel temps?

A: 1a: Il pleut.
   3a: Il fait beau. / Il y a du soleil.
   2b: Il fait chaud.
   1c: Il y a un orage.
   3c: Il neige.
   2d: Il y a du vent.
B: 2a: Il fait froid.
   1b: Il y a du vent.
   3b: C'est la tempête.
   2c: Il fait beau. / Il y a du soleil.
   1d: Il pleut.
   3d: Il y a un orage.

13 Dialogkarten – En vacances
Lösungsvorschläge:

A: Je vais faire une balade à vélo. Je vais aller à Aigues-Mortes. Samedi après-midi. Parce qu'il va faire beau.

B: Je vais visiter les arènes. Je vais aller à Arles. Dimanche matin. Parce que ce n'est pas trop loin.

C: Je vais faire un pique-nique. Je vais aller au Pont du Gard. Le week-end prochain. Parce que c'est super.

D: Je vais faire du shopping. Je vais aller au centre-ville. Samedi matin. Parce que faire des balades, ce n'est pas mon truc.

E: Je vais regarder un film. Je vais aller au cinéma. Vendredi soir. Parce qu'il va pleuvoir.

F: Je vais acheter de la lavande. Je vais aller au marché. Samedi matin. Parce qu'il va faire chaud.

G: Je vais faire une partie de pétanque. Je vais aller au Grau-du-Roi. Le week-end prochain. Parce que plonger dans l'eau, ce n'est pas mon truc.

H: Je vais jouer au beach-volley et je vais plonger dans l'eau. Je vais aller à la plage Napoléon. Demain. Parce que c'est génial.

Leçon 5

2 Dialogkarten – Qu'est-ce qu'on peut faire?
Lösungsvorschläge:

A: *A:* Qu'est-ce qu'on peut faire dans les Alpes?
   B: On peut faire du canyoning et de l'escalade.
   A: Je veux faire du canyoning. Et toi, qu'est-ce que tu veux faire?
   B: Je veux faire de l'escalade.

B: *A:* Qu'est-ce qu'on peut faire en Camargue?
   B: On peut faire de l'équitation et de la plongée.
   A: Je veux faire de l'équitation. Et toi, qu'est-ce que tu veux faire?
   B: Je veux faire de la plongée.

C: *A:* Qu'est-ce qu'on peut faire en Bretagne?
   B: On peut faire du kitesurf et du char à voile.
   A: Je veux faire du kitesurf. Et toi, qu'est-ce que tu veux faire?
   B: Je veux faire du char à voile.

D: *A:* Qu'est-ce qu'on peut faire dans les Pyrénées?
   B: On peut faire de l'accrobranche et du VTT.
   A: Je veux faire de l'accrobranche. Et toi, qu'est-ce que tu veux faire dans les Pyrénées?
   B: Je veux faire du VTT.

E: *A:* Qu'est-ce qu'on peut faire sur la Côte d'Azur?
   B: On peut faire du surf et du canoë.
   A: Je veux faire du surf. Et toi, qu'est-ce que tu veux faire?
   B: Je veux faire canoë.

F: *A:* Qu'est-ce qu'on peut faire à Paris?
   B: On peut faire de la slackline et de la natation.
   A: Je veux faire de la slackline. Et toi, qu'est-ce que tu veux faire?
   B: Je veux faire de la natation.

G: *A:* Qu'est-ce qu'on peut faire à Saint-Malo?
   B: On peut faire du char à voile et du kitesurf.
   A: Je veux faire du char à voile. Et toi, qu'est-ce que tu veux faire?
   B: Je veux faire du kitesurf.

H: *A:* Qu'est-ce qu'on peut faire à Nice?
   B: On peut faire du beach-volley et du surf.
   A: Je veux faire du beach-volley. Et toi, qu'est-ce que tu veux faire?
   B: Je veux faire du surf.

5 Puzzle – Journée «Portes ouvertes»

Samedi, il y a la journée «Portes ouvertes» au centre équestre.
Dans la cour, tout le monde est en action.
Il y a un buffet avec des boissons et des pizzas.
On vend les gâteaux et les boissons au profit de la SPA.
L'après-midi, il y a beaucoup de visiteurs au centre équestre.
Ils visitent les box et caressent les chevaux.
Les enfants font des tours de poney.
Le soir, tout le monde est crevé.
Mais il y a encore du travail: ranger le buffet.
Pour terminer la journée, tout le monde mange une pizza.
Lösungswort: VOLONTIERS

7 Images – C'est quelle photo?
Lösungsvorschläge:

A: Sur la photo, il y a deux filles. A gauche, il y a Julie et à droite, il y a Malika. Elles préparent le buffet.

B: Sur la photo, on voit les box avec deux chevaux. Devant les box, il y a Tao et Maryline. Ils discutent.

C: Sur la photo, on peut voir Célia. A gauche, il y a des box avec des chevaux. Célia montre une affiche.

D: Sur la photo, il y a trois filles. Julie apporte un gâteau. Malika fait la bise à Célia.

E: Sur la photo, on peut voir Sami et deux enfants. Les enfants font un tour de poney avec Sami.

F: Sur la photo, on voit deux filles. A droite, il y a Malika et à gauche, il y a Julie. Julie apporte un gâteau.

G: Dans le fond, on peut voir un box avec un cheval, une fille arrive. Devant le box, il y a Tao et Sami. Ils portent une table.

H: Sur la photo, on peut voir Julie, Malika et Sami. Sur la table, il y a des boissons et des pizzas. Les jeunes rangent le buffet.

I: Sur la photo, il y a Malika, Sami et Julie. Ils montent une tente.

J: A gauche, il y a Célia avec un chien. Au milieu, on peut voir Sami et Malika. A droite, il y a Julie. Ils montent une tente. Dans le fond, on peut voir Maryline et Tao, ils s'occupent des chevaux.

12 Partnerbogen – Notre journée «Portes ouvertes»
Lösungsvorschläge:

A: Le cours d'anglais vous invite à une journée «Portes ouvertes».
   C'est vendredi 15 mai, à 11 heures.
   C'est dans la salle 84.
   On propose un buffet avec des gaufres et des gâteaux.
   Comme boissons, on propose de la menthe à l'eau et du jus d'orange.
   Pendant la journée, on peut écouter de la musique anglaise, on montre un sketch anglais et dans la cour, on organise un jeu de rugby.

B: Le cours de musique vous invite à une journée «Portes ouvertes».
   C'est mercredi 4 juin, à 15 heures.
   C'est à la cantine.
   On propose un buffet avec des crêpes et des assiettes de fromage.
   Comme boissons, on propose du jus de pomme et du jus d'orange.
   Pendant la journée, on peut écouter de la musique française et il y a un groupe de hip-hop.